U0931951

時代論壇書系

疫境重生

一起走過非典型歲月

時代論壇主編

基道出版社

時代論壇
CHRISTIAN TIMES LTD

▼

時代論壇書系

疫境重生

一起走過非典型歲月

Atypical Reborn

An Anthology of Hong Kong Christian Community in the Period of SARS

主編
時代論壇

責任編輯
羅民威

裝幀設計
胡立強

■

聯合出版

基道出版社
香港沙田火炭坳背灣街26號富騰工業中心1011室
LOGOS PUBLISHERS
Unit 1011, Fo Tan Ind. Centre, 26 Au Pui Wan St.
Shatin, Hong Kong
電話：(852) 2687-0331 傳真：(852) 2687-0281
網址：http://www.logos.com.hk

基督教時代論壇週報
香港九龍荔枝角道808號好運工業中心1206室
CHRISTIAN TIMES
1206, 12/F., Goodluck Ind. Centre,
808, Lai Chi Kok Road, Kowloon, Hong Kong.
電話：(852) 2785-7688 傳真：(852) 2785-8335
網址：http://www.christiantimes.org.hk

發行
基道出版社

承印
海洋印務有限公司

●

5/03初版
Cat. No. LP903
ISBN 962-457-238-0

Printed in Hong Kong

目錄

我的「非典」路　1

主啊！祢在哪裡？　43

疫症留痕 143

附 錄 173

序

李錦洪 《時代論壇》社長兼總編輯

非典型肺炎襲擊下的香港社會，承受著空前的危機與恐懼。當下難耐，未來難過，但我們並沒有悲觀的理由。在一浪接一浪的負面信息中，同樣涵蓋著一絲接一絲的清新氣象，起碼我們的城市從未如此謙卑、團結、關懷與包容。

非典型肺炎（SARS）事件將改變香港社會的思維和習性，從人心的自利自滿到政府的過分自信，從社區的冷漠圍牆到社群的孤軍自保，藏污納垢的角落，偽善驕矜的性格，抑鬱恐懼的心態，一下子全部都抖出來。當人們在批判中去要求改善的同時，也就學習到彼此承擔和付出的功課。小島的空間是如此狹窄，人們每日摩肩接踵，氣息相聞，既可以傳播病毒，也可以表達友愛與關懷。

香港可以檢討和改善的地方實在太多了。SARS疫症的蔓延，帶來了極大的痛苦，沉重的代價，但同時也給予香港社會一個契機，重新檢視政府的管治與施政能力、醫療的資源運用與架構、傳媒的公信力與責任感、社區的規劃與環境，以至民間社會的支援架構。面對全球化帶來的種種風險，是需要整個社會系統去應付的。

瘟疫、饑荒、戰爭與死亡是人類歷史最可怕的黑暗四騎士，往往在災難過後，痛定思痛，人類又會凝聚更多智慧去珍惜和保護生命。許多偉大的發明、歷史的黃金時代，經常在苦難後磨勵出來。

香港人心的恐懼與疑惑，不會隨病毒的遏止而消除；人的盡頭，往往是上帝的開始。香港社會在新思維的反省下，需要新的社會議程(Social Agenda)，教會的事工，同樣要更新、進取、體貼。

SARS令現代人類再次感受突然而來的死亡威脅，原來所謂先進的科技會是如此無能為力。這是一次嚴肅的精神洗禮，足以帶來真正的心靈甦醒、精神文明的重建與復興。在掌管歷史的復活主面前，死亡從來不是終局。

在香港這場抗疫戰爭中，同時存在著死亡與生命，幽暗與光明，醜陋與美麗，絕境與盼望。疫境可以重生，在乎每個人都能夠多想一些，多看一些，多做一些，多愛一些。病菌無處不在，天使亦無處不在。無論咒詛有多深，恩典亦有多深。

「『……來吧，我們重建耶路撒冷的城牆，免得再受凌辱！』我告訴他們我神施恩的手怎樣幫助我，……」(尼二：17-18)震撼歷史的呼聲，今日要同樣震撼香港。

我的「非典」路

陳惠芬——「好牧人為羊捨命」

採訪：羅民威

為免感染，威爾斯親王醫院的院牧不能主動到治療非典型肺炎的病房探病，陳惠芬院牧的探訪是少有的一次。

那天中午，陳惠芬在家裡接到威院深切治療病房的急電，要求院牧派人替一名病危的非典型肺炎病人祈禱。

對院牧來說，生離死別是經常遇到的事。過去陳惠芬也接過不少急症室的急電，不過這一次，她一掛上電話，大堆詰問就閃過心頭：自己會否受感染？若真的受感染，可以怎辦？會否帶菌給家人？自己弟弟剛染了肺炎，正在另一間醫院等候化驗結果，看看是否非典型肺炎。若連自己也染病，年邁的母親會怎樣？「你不是將生命交給神掌管嗎？你還驚甚麼？」……想不了那麼多，陳惠芬隨即致電其他戰友院牧，要求代禱。這一切，都在短短十分鐘的士車程裡發生。

「我想起耶穌說：『好牧人為羊捨命』；若有危險時，做僱工的會逃命，因為他們不顧念羊。自己很是感動。」

進了醫院，無論是醫院加派的守衛、病房前的記者，口罩背後，盡是凝重而帶點惶恐的眼神。8A病房的護士小心翼翼地替陳惠芬穿上全套保護裝束，她終於站在那病重的肺炎病人面前：他是一名醫生，只不過三十多歲，身上插滿了喉，奄奄一息。陳惠芬的心停了，說不出一句話。

由於知道他是信徒，陳惠芬在他耳邊禱告，確認他有永生，求神祝福顧念他。不過，由於病者昏迷，陳惠芬離開病房時其實也不確定對方是否聽得到祈禱。

的士上，陳惠芬理不清心裡的感受，淚眼兩行，唯一記得的是離開病房前護士發自心底的一句「多謝」。

「臥在那裡的醫生，是為病人付上生命。為到前線醫護人員，我們付出的時間其實很短。」後來陳惠芬得知，那位醫生的病情有所改善。

這段日子，威院前線醫護人員的心事和壓力實不足外人道——日以計夜的研究追蹤、披星帶月的照顧守護，固然累人。帶病的，帶菌的，甚至不知自己有沒有帶菌的，統統有家歸不得。眼見同事一個一個倒下，不知何時輪到自己。一個不經意的噴嚏，就已經夠自己擔憂一整天，生怕已被感染。斷症下藥，尤其是處方類固醇以壓抑病人過分活躍的免疫系統時，又怕下得不準，令同僚的病情急轉直下。碰到不是自己部門的同事，只能立時迴避，叫對方不要行近，免受「毒人」感染。輪值接替的護士不少剛入行不久，照顧病人時不懂保護自己，擔驚受怕……。

在威院照顧非典型肺炎的醫生之中，有一半是基督徒。他們現在每天都聚在一起禱告，互相支持。不少信徒醫護人員亦主動要求調到8A病房工作，以接替已經疲憊不堪的同事。一位醫生說：「現在我們更懂得醫生不是萬能。很多時我們要求神去幫助醫治，因為我們常會感到束手無策。」

現時醫護人員對治療非典型肺炎已開始找到對症下藥的門路，黑暗裡總算露了一線曙光。但要看到病人好轉，新症不再出現，可能還要數以月計的時間，以及眾教會的至誠代禱。

（節錄自羅民威、麥世賢採訪：〈當疫症蔓延的時候〉，第八一三期，二〇〇三年三月三十日）

林彩屏——一位前線護士的自白

採訪：麥世賢

我叫林彩屏，是威爾斯親王醫院的外科護士。肺炎爆發後，我親眼目睹身邊照顧肺炎病人的同事都受盡壓力。最難耐的也許是與親友隔絕的孤單感。由於同事怕將病毒傳染家人不敢回家，彷彿失去一切心理上的支援。我聽說有同事自我隔離不到兩天，便忍不住哭起來，可見那份孤單不是人所能承受的。

我的部門的病人日漸減少，主管說我可以放假休息一下。但我覺得如果這個關鍵時候撇下其他在肺炎病房作戰的同事，實在過意不去。我被神感動了，要上前線，支援同事，也安慰病人。於是，我自願調去10A、B病房，加入治療肺炎的醫護人員行列。10A、B是分別收容患了非典型肺炎的男女醫護人員的病房。聽說男病房一片沉默，醫生和病人都多不說話；女病房則愁雲慘霧，不少病人都擔心得哭了起來。但原來情況也不那麼壞的。

三月廿七日我踏進男病房幫忙，發現有些患了肺炎的醫生開始痊癒，有的分吃水果，有的玩紙牌，有說有笑的。有些康復了的醫生遷到了療養院休養，間中搖電話來慰問病人：「喂，快些康復吧，這裡有乒乓球玩啊。」

令我最深刻的是一位基督徒姊妹，有一天她到男病房捐血清給病人，我見她手抱著一本基督教歷史之類的書，便知道她是信耶穌的。我見她愁容不展，便主動跟她說我是基督徒，又和她一起祈禱，我說：「你知道嗎，外面有很多教會與弟兄姊妹為你們代禱啊。」她一聽，便雙眼通紅，眼淚哇啦哇啦的流出來了，她說：「我一直很想有人為我祈禱，但在病房一個基督徒也找不著，一個也沒有。」我想，她身體患病，內心深處又被那份孤單和憂傷煎熬，一定十分痛苦吧。神讓我遇上她，肯定是個奇妙的安排。翌日，我調派到女病房，可以陪伴那位姊妹，成為她的安慰者。

其實我跑到前線打仗，壓力也很大，更加覺得外面的教會和信徒的支持對前線人員很重要。我每天都收到十多個電郵和電話慰問，有同事的教會牧師甚至每天給她電話鼓勵，這些從心裡發出的鼓勵，令我們覺得不是獨個兒戰鬥，有力繼續做下去。我耐不住孤單，沒有自我隔離，放工後也照樣回家。我在家裡戴口罩，媽媽卻叫我不要戴，她不但不怕被我傳染，還常常煲湯水支持我。我想，這就是我最大的鼓勵、最大的支持，也是神的恩典。

（節錄自羅民威、麥世賢、甄敏宜採訪：〈疫境中求平安〉，第八一四期，二〇〇三年四月六日）

孩子，讓我抱緊你

羅乃萱

這是一個非典型肺炎剛襲港，淘大疫症正在爆發的晚上。

電話鈴聲響起，傳來是好友的聲音：「你女兒的班主任是XXX嗎？」

「是。」

「她中招了。」甚麼？幾乎不相信自己的耳朵。接著，家中電話響個不停。有同學的，也有其他家長的。大家最關心的，是怎樣做才是「對」？對得起別人，也對得住自己。

腦海中，不住浮現連串問題：怎麼辦呢？孩子跟她有緊密接觸嗎？孩子應否上街呢？這個禮拜六的少年團要參加嗎？我們一家要戴上口罩溝通嗎？

外子一手拿來三個口罩，囑咐我們戴上。「禱告吧！」是的，也唯有這個時候，我們才知道，幫助是從造天地的耶和華而來。但我們改了以往的習慣，沒有手握著手。怕傳染，是的，但到底是怕誰傳了給誰呢？

孩子悄悄回到房間，坐在床沿的她，一臉茫然。外子與我做了些決定，為安全計，孩子必須禁足十天，我們也各自通知服事的單位，好等大家做足「消毒」措施。做了該做的，便把這段日子交託在恩主手中。只是，禱告完了，孩子回到房間那憂憂愁愁的眼神，令我不安。

我仍記得，站在遠遠的門外，跟她説：「安睡吧！十天很快過去的！」孩子聽話地點了下頭，躺下。我再也攔阻不了自己的雙腳，走到她的床邊，一手把她攬在懷中。

「媽，你不怕受感染嗎？」

「不怕，你沒事的。」我把她抱得更緊更緊。我曾多次説過，甚麼是真正的EQ，就是孩子最需要你的關鍵時刻，你不是一走了之，而是守在她身邊。自問，又怎能出爾反爾，在這個時候一走了之呢？

抱著孩子的時候，腦海裡出現了許多的畫面：她摔傷頭住院的日子，我守在她的身邊；她發燒的夜晚，伸手摸她的額頭。一個孩子生病孤單的時候，最需要的除了醫生藥物，還有不可或缺的，就是母親的懷抱。

深知這樣的做法，會惹來多方的指摘：不能忍一下手嗎？孩子若有事，連累你們，也會連累周圍的人，還會波及教會？

也許，我不是一個最好的公民，或是一個最好的僱主，但在那一刻，我會問：如果主耶穌是我，祂會抱緊孩子嗎？答案是：「會」。

我把孩子緊緊擁在懷裡，正如親愛的主明白我們的孤單，把我們擁在懷裡一樣。

（第八一九期，二〇〇三年五月十一日）

最後晚餐

陳偉明

我母親是瑪嘉烈醫院的員工。當政府宣佈於三月三十日開始，由瑪嘉烈醫院集中處理非典型肺炎病人的時候，我母親就要和其他員工一起，去打這場「抗肺炎戰」。故此，三月廿九日，母親致電叫我和妻子於當晚回家食飯之際，我二話不說的就應承了，皆因這是我們在短期內的「最後晚餐」！

回到家裡，母親忙碌地在廚房內預備，其中一味菜式，就是叉燒炒蛋。這是我家在貧困時的「珍饈百味」，也是我一直以來最喜愛的菜式，只是我一直沒有告訴母親而已。但是，和她一起生活了那麼久，她哪會不明白我呢？所以，當我看見叉燒炒蛋的時候，我知道是母親為我預備的。

可能是男性的關係，我向來都難於向母親表達關愛之情。但若我當晚不再面對面去關心母親的話，往後的日子就只可用電話作溝通了。故此，我鼓起勇氣問她：「你驚唔驚呀？」她回答說：「你話我驚唔驚呢？」這是母親少有的表現。以往，就算她心裡害怕，也故作鎮定去面對一切難關，這也許是她在貧窮日子裡所磨練出來的勇氣。然而，今次她這樣回應我，可知她實在是非常憂慮。非典型肺炎真是防不勝防，特別在醫院裡，許多擁有專業知識的醫護人員也不慎「中招」，使得醫院內人心惶惶。對於缺乏專業知識的母親來說，其驚恐更是可想而知。

面對母親憂慮，我也不知如何是好，於是大膽的提出為她禱告。一直以來，母親雖不阻止我信耶穌，但她篤信民間宗教，不願接觸基督教信徒。此時此刻，她竟然接受我為她禱告，這當然令我感恩非常，但也為她的擔憂而心酸！

後來，我們邊食飯邊傾談，我就更清楚她的想法。其實，她沒有帶著甚麼使命感回醫院工作，她只想自己沒有染病便可。但是，職責所在，她不得不回醫院裡，與其他醫護人員並肩作戰。我雖知道，她只是盡上本分，去參與對抗非典型肺炎的工作，但也為她對工作的堅持而感驕傲。我深信，香港要跨過非典型肺炎的危機，不是靠一些「高大空」的言論，而是要全港市民群策群力，盡上自己應有的本分，才能露出一絲曙光。

但願，在往後的日子裡，醫院不再是「人間煉獄」，醫護人員不會「生人勿近」；而我，就能享受由母親所預備的叉燒炒蛋，亦不需擔心要再吃「最後晚餐」了！

(第八一八期，二〇〇三年五月四日)

楊應歡——「唯獨投靠上帝」

採訪：羅民威

三月初，在沙田威爾斯親王醫院當實習醫生的日子已經過了一半，楊應歡正在病房針藥和搵工面試之間勞碌奔波。這年頭讀醫科的都要為前路籌措張羅，一場疫症卻徹底打亂了這一切。

在隔離病房裡，楊應歡和其他病友一樣病情大起大跌，隔離病房亦愈見寂靜低沉。發高熱、咳嗽、嘔吐、氣促、極度疲憊、萎靡昏厥，就是聊天也沒有力氣，只能躺在床上。而每一天的搏鬥卻是漫無目的：是甚麼病？病原體是甚麼？甚麼藥有效？有護士私下問楊應歡：「我們還有沒有辦法？」

眼見同僚頻頻轉藥轉劑量，楊應歡心知人人都一籌莫展。她説，生命實在從不曾如此這般的無所依靠。病友之中，沒有信主的固然替人替己憤憤不平；鄰床的信主病友，收到教友送來三盒約伯記講道錄音，勉強聽了一盒，還是聽不下去。數十病人共處一室，卻相對無言。每次有同僚病重要送往深切治療部，病房總會響起哭聲和詰難，心裡也浮起一個嚴肅的問號：「還有很多事情未做，家人還未信主，遠方又説要開戰……還有沒有另一個可作工的白晝？」此時此境，一些普通的經文，像「在乾涸無水疲乏之地要渴想神」、「神要抹去人的眼淚」，都可以令楊應歡感觸萬分。

這時，請纓到病房工作的基督徒護士林彩屏，得知楊應歡是信徒，跟她說了一句：「耶和華是妳的保守，不必擔心。」眼見林彩屏天天抽空跟病人聊天談道，又知道醫院外很多人在代禱，楊應歡感受到從信仰而來的力量，「唯獨投靠上帝」。

有一天，醫學院的沈祖堯教授踏進病房，細心講解如何因應眾同僚的病情，試用類固醇和一隻特效藥，大家還是擔心。「萬一特效藥試錯了，類固醇卻壓抑了免疫系統，那可怎麼辦？」結果總算守得雲開，而楊應歡亦成為第二批出院的病人。

這場病令楊應歡重新肯定：死亡，不是隨之而來的大堆醫務文牘；而生命，亦不應只是求一份好工，營營役役。「熬得過這場病，上帝有甚麼計劃在我身上成就？」重投實習和求職的生涯，楊應歡心裡多了一個問號，也多了一個方向。

（節錄自甄敏宜、羅民威、蔡聖龍採訪：〈非典型復活〉，第八一六期，二〇〇三年四月二十日）

孫耀雄——
脫離險地的「出死入生」

採訪：蔡聖龍

一度貼近死亡而最終痊癒，當然稱得上是「出死入生」；但能夠脫離危險之地而尋獲平安，也是另一種「出死入生」。於牛頭角浸信會聚會的孫耀雄，與太太及兩歲女兒居於淘大花園E座，前幾週便有這種經歷。

三月廿六日放工時間，孫耀雄的太太來電告訴他，有十多位同樓住客感染了非典型肺炎，當時他安慰太太，叫她不用緊張。但其後兩天鄰居的感染人數不斷增加，他在廿八日晚向神禱告，禱告後他便平靜地向太太提議搬走：「太太也奇怪我為何突然『轉軚』，但我也解釋不了原因。」翌日早上他們全家便搬到岳母空置的舊樓暫住。期間他們自我隔離，除了下樓買必需品和飯菜外，便沒有離開寓所。

「今天沒事，明天又如何？明天沒事，後天又如何？」孫耀雄坦言那段日子的心情十分忐忑，每天起床縱然看見自己和家人仍然健康，但都未敢釋懷；縱然明白要依靠神，但心中仍有憂慮。「每天都問自己：『我們會否有事？』」

不過，在「自我隔離」的不安經驗中，孫耀雄仍看見感恩之處：「單是能找到地方容納我們全家便已很值得感恩！」而朋友們的來電問候，亦令他十分欣慰，他感謝朋友並沒有「歧視」他們這個家庭：「我認識一位同樣住在淘大的朋友，他得知疫情後便搬回父母家中居住，豈料有朋友竟責備他『連累父母』——其實我們也是普通人，我們也會害怕、我們也需要別人關心！」而孫耀雄那位同是基督徒的老闆，在事件中亦十分體諒，主動讓他放假，使他可以安心隔離休息。

「最重要的是我和女兒的感情大大增進了！」這十多天裡，他每天都在家與女兒玩耍，孫耀雄表示這實在是平日沒可能做的事，所以非常珍惜這一段與女兒朝夕相對的日子。另外，他亦趁這段多出來的時間勤讀聖經，使他覺得自己與神、與家人的關係都增進了。

而在自我隔離的期間，他亦曾聯絡衛生署，但就像電台烽煙(phone-in)節目也提及：「聯絡和不聯絡也分別不大！」因為有關職員只要求他們吃指定藥物，但問到藥性和副作用，卻解答不了。「另有一點奇怪的是，我們也曾留下電話給衛生署，但衛生署卻說聯絡不上我們，最後要勞動警方才聯絡得上。奇怪的是，警方也是打同一個電話罷了！實在令我們啼笑皆非。」

教會在事件中亦發起代禱行動，並致電關心。孫耀雄坦言，自己作為第一身的受影響者，十分體會到人在最無助、最憂愁、最軟弱的時候，最需要的其實就是別人真誠的關心和支持：「其他一切都是後話！」

經過這兩星期的歷煉，孫耀雄自言已有多一份信心：「即使不是在淘大花園，我們走在街上也有感染的危險。

但無論發生甚麼事，我相信上帝總會看顧。」

（節錄自甄敏宜、羅民威、蔡聖龍採訪：〈非典型復活〉，第八一六期，二〇〇三年四月二十日）

「主，我在這裡，請使用我！」——抗炎傳道謝耀揚家庭見證篇

謝耀揚一家

中國基督徒傳道會中心堂傳道人謝耀揚及其太太早前感染了非典型肺炎，需要留醫逾兩星期。期間，當病情惡化時，兩人對自己的生死均無從掌握，更令人牽腸掛肚的，是不知能否再有機會與兩名疼愛的兒子見一面。

現在，兩人都痊癒回家，一家四口再次重聚，沒有患病的兩名兒子也經歷了一場分隔之苦。

今期，我們邀請了他們四口子，分享他們在這事件中的感受。

爸爸——謝耀揚傳道

手的啟示

我的手輕輕的向太太揮動，並遙遙的向她説聲：「不用擔心，你先回去罷！」便開始了我這雙手在一生中難以磨滅的經歷。

當我入了隔離病房後，醫生開始替我雙手插上用以吊針藥的「黃豆」，再插了另外一針用以抽血化驗。往後數天，抽血是每天的指定動作，手已經開始習慣讓那比冰更冷的針任意往來。後來當病情急轉直下，須轉送深

切治療部（ICU）時，手上便插了更多的針：有血管因為針藥敏感而腫脹，須另覓去路，要再插新針；又有因為抽血頻繁而索性在小動脈插一喉管，每隔數小時抽一次血。我這雙手，從未如此傷痕纍纍，飽經憂患！

記得那天，當我感到快要撒手塵寰的時候，我的心靈是那麼的軟弱孤單，因為ICU籠罩著無名的恐怖，身體又是那麼虛弱，當時的我多麼渴望有一隻手可以讓我堅握，去感受他的支持與鼓勵，去知道我並不是孤軍作戰，去感覺他的溫暖……。我的妹妹及哥哥冒著被感染的危險，每天都伸出他們有力的手讓我握著、流淚。

有一次，太太帶病入ICU探望我，心中很想緊握她的手訴說心中的掙扎及感受，但深怕已有初步病徵的她再被加深感染，便忍心地叫她不要觸及自己，並囑咐她快點離開病室，我們大家的手並沒有任何接觸便要忍淚道別。

闊別一週，我和太太的兩雙手偶然在隔離病房外走廊相遇，彷如隔世，本想互相擁抱，但礙於病人川流不息（那時是排隊照X光的時候），只好緊握四手互道平安，四目帶著淚珠凝視，心靈卻被大家的雙手發出的熱力溫暖著……。忽有大聲斥喝：「你們不可接觸，會有交叉感染。」是護士姑娘善意的警誡。往後我們只好在走廊對望，大家揮揮手，以示平安、鼓勵、支持……。

太太出院的那天（我比她早出院），我在家中打點一切迎接她回來，她踏入家門，我們緊握雙手，沉默片刻，掉下眼淚，說：「我們回來了！」以為沒有機會再觸及家中的一磚一瓦，檯椅炊具，如今卻再次擁在懷中，是多麼的溫馨、幸福，多麼大的恩典。

期待返家良久的一對孩子，在回家當晚向雙親傾訴衷情。大孩子在過去一個月強忍憂慮、恐懼，擔當哥哥的角色，照顧幼弟。當我重見這勇敢的孩子時，大家都淚如泉湧。爸爸的一雙手懷抱著一家四口，在天父前禱告。流淚的禱告洗刷了我們雙手曾遭針孔刺過的傷痕，以及曾被無情隔離的孤寂。雖然飽歷風霜，但今天這雙手老練了，成長了，懂得如何以溫柔為別人禱告，不再指揮支配。這雙手懂得用來懷抱憂傷心靈，不單只教人家做這做那。這雙手身經苦難，開始珍惜眼前的幸福。

雖然我夫婦倆雙手親歷人間世情冷暖，悲歡離合，但有一雙手對我們一直不離不棄——天父的一雙手；以致我們今日以感恩回應我們的境遇。

是這雙手帶領我們度過重重難關，
是這雙手溫暖我們的心，
是這雙手醫治我們的傷痕，
是這雙手拖帶我們繼續往前行；
這雙手沒有帶來咒詛，只有祝福。

媽媽——謝胡佩雲
「主，我在這裡，請使用我！」

當感染了SARS之後，我和外子都經歷了身心靈前所未有的軟弱。我們深信是弟兄姊妹的禱告把我們托住，令情況轉危為安。

當我入院時，外子仍在深切治療部，情況令人憂慮。有一位醫生走前來拍拍我的肩膊「師母不用擔心，牧師在ICU是最精靈的一位，很快便會轉上普通病房。」聽後我的心頓時如釋重負。後來他又跟我的丈夫說：「見過你的太太，她的情況穩定。」外子因著他的話也放下心頭大石。後來我知道這位醫生是一位主內弟兄，是主差遣來的天使呢！

臥病期間，除了有好些主內的醫護人員問候我們，令我們十分感動的，是即使大家互不認識，竟有不少教會記念我們這對小傳道夫婦，為我們禱告的電郵甚至遍及海外各地。

在治療期間，我曾經情緒十分低落。持續的上吐下瀉、打針、抽血等皮肉之苦，令我深切體會病者的痛苦。那時，護士和病友們鼓勵我「不要放棄，過幾天便會好轉，我們之前的情況比你更差呢！」這些鼓勵的說話，又再一次令我有動力的繼續熬下去。

我的「黃豆」時常經過注射後彎了或移位。某天夜半，有位護士小姐很用心地把我的「黃豆」弄好以方便往後的注射。我多謝她後，她說：「應該的」，敬業樂業的精神委實令人敬佩。

感恩的事實在太多了！我還要為沈祖堯醫生和一位黃醫生的照料而感恩。他們很用心照顧病人，每次巡房都會鼓勵和支持我。有次我問沈醫生出院後可否接孩子們回家，他說：「給自己兩星期休息吧。你的心情我很明白，我也有好一段時間沒見過自己的孩子了！」沈醫生，我們向你致敬。

出院前一晚，我的「黃豆」彎了，需要再打一個。一位醫生替我「插針」失敗，我的手背立時瘀腫，痛得哭起來，這時病友們紛紛安慰，待我心情平復後，醫生再次嘗試。我告訴他，可能大家也面對壓力，不用擔心，這次我不會哭的。經過兩次之後，終於成功了，眾病友都替我拍手歡呼，場面十分難忘。原來這位醫生也是主內弟兄，他是第一天被派到SARS病房，為免家人擔心，他不敢告訴家人，他的壓力和無奈可想而知。手背上的瘀傷令我不忘為弟兄打氣，加油呀！

去年五月，我被證實患了抑鬱症。為了減低壓力，當時我向公司請辭，奇妙地我的上司建議我停薪留職一年。這段日子神充足地供應我們的家，我們同時亦願意弟兄姊妹了解這位「小師母」的情況。除了他們的體諒、關心和愛心，還有外子和兩個兒子的支持，今天我可以很自信地與別人分享這個經歷，我深信人生的下半場將會更精彩。

今年二月底，我決定放棄自己的工作，照顧孩子，沒料到三月中，距離外子原本被安排按立只有一個月，我們便遇上了這個「火一般的試煉」。這一年神似乎銳意操練我們，祂把我們這對小僕的「命仔」留下來，感恩之餘我不禁戰兢地禱告：

「主啊，我在這裡，請使用我！」

大兒子——謝天培·十一歲

一個難忘的三月

四月二十六日　上5A 謝天培(26)

一個難忘的三月

當爸爸媽媽證實感染「非典型肺炎」，姑姐把我和弟弟送到祖父祖母家中暫住。

其實我並不喜歡這個決定——

當我以為暫住兩三天，卻原來要住兩三星期，因為媽媽也入了醫院。我不太習慣睡在那裏的床鋪，用那裏的浴室，似乎什麼都跟在家時不同。

後來，當我知道爸爸病情嚴重的時候，我變得十分擔心。因為不想祖父祖母擔心，我只是靜靜地哭起來，並禱告天父希望爸媽早日康復。

不多久，全港學校都停課了！我開心得跳起來呢！哈哈，我可以打機、看電視，不用測驗、考試，不用太清早上學。

終於，爸爸媽媽出院了，那天我真的是十分興奮呢！

小兒子——謝天正·四歲半

天正在圖中畫了一滴藍色的水，媽媽問他代表甚麼，小小的他卻又說不出來。也許是分離時的淚水，也許是重聚時的感動；不論怎的，爸爸媽媽都回來了，一家團聚，不再分離。

(第八一九期，二〇〇三年五月十一日)

我的位份，祂的計劃——專訪沈祖堯

採訪：羅民威

過去兩個多月，全港的醫護及科研人員為了非典型肺炎可謂鞠躬盡瘁，當中包括被《時代週刊》列為亞洲英雄的中大醫學院內科及藥物治療學系主任沈祖堯教授。

坐在面前的沈祖堯教授，文質彬彬，理性冷靜而不失人性關懷。今天我們不談利巴韋林和類固醇，卻談談上帝在這次疫潮中，給他，給你，給我上了怎樣的一課。

時：時代論壇
沈：沈祖堯

時：你現在的心情和壓力會否比開初的時候放鬆了？

沈：現在所擔心的跟從前的不同。初時擔心同事和醫務人員能否醫好，現在有一批病人已在醫院住上了五星期甚至更久，試過多種方法也似乎無效，只有繼續試藥，因此壓力仍在，但與過往的不大相同。

時：聽説你們每天都有一個祈禱會，這段日子的祈禱內容會否和以前的不同？

沈：現在已不單為這間醫院的病人祈禱，還有為其他醫院，為香港，為中國。問題發展到現在，已經不單單是疾病的問題，而是涉及國家、社會、民生等其他事：有時擔心香港的病會否爆發出去，有時擔心香港政府部門的運作，擔心滿街的謠言，為兩間大學的合作，各方面都有。現在則有點擔心報章開始出現一些要歸咎責任的言論，政府又可能在找人歸咎責任，矛頭有指向醫管局，有指向中文大學，有指向威爾斯醫院。我希望上帝給我們公平，事實上我們已做盡了我們可以做的；每天傳媒的質詢，我們應怎面對？

我自己看來，覺得這病並非偶然，而是上帝容許這事發生，容許此事愈搞愈大，雖然我們不很明白，亦看到有人逝世，有人家庭破碎，當中有很多令人傷感的故事。我們有時也會為這些家庭祈禱，我們不知此事對他們的意義在哪裡，但肯定不是偶然的事。

軟弱的時刻

時：你希望上帝令香港社會反省到些甚麼？

沈：我覺得香港人以前可能很注重物質，看重經濟發展多於人的價值，像人生觀這些東西，很多人都已不再想。但現在突然給我們看到，所有東西都可以在一夜間、在一個月間就失去。希望這可以喚醒香港人對心靈有不同的看法。

我自己作為一名醫生，一名大學教授，老實說我以前也對事業、對自己部門的工作等都看得很重，甚至比家庭、信仰、與神關係等都重。這事也讓我反省很多，想到甚麼才是最重要的。

時：具體而言，過去你如何將事業看得比其他事情都重？

沈：時間是其一。另外你關心的是發表了多少篇文章，國際聲譽如何，甚至你看病人時，也會想到底這病人有何研究價值，會否令我出名。但今次很多染病的同事也有其信仰，會反省過去將很多以為是理所當然的東西，是可以一夜間沒有了。

時：在這個多月來，有沒有想過自己的東西也可能一夜間失去了？

沈：我其實也有幾次以為自己已感染了這病。譬如有一段時間我咳嗽得很厲害，那時我們還不太清楚可以如何預防。又有一次眼見一同治理非典型肺炎病人的同事工作辛苦了，相約一同晚膳，豈料坐我身旁的同事，翌日就發燒，證實是SARS病人，心裡一寒：自己可能在未來七天內也會發病。那時給自己照X光，給自己抽血，有幾個時刻都覺得自己可能有一天是⋯⋯。其實由起初到現在我也準備有一天會臥在病床上。

面對死亡的理性與感性

時：對不少人而言，醫學講理性，信仰講感性；醫學講有限的知識，信仰講無限的上帝。你作為信徒，兩者如何合得來？

沈：要協調其實不是這麼難。很有趣，當你知得愈多，就會發覺不知的更多。在醫學更是如此。我不覺得醫生或者搞學問的人會更難得知上帝的存在。至於理性和感性，若單從學術角度而言，每一樣都是很理性的，但正正如此，今次這病給我們反省，我們不是醫病，而是醫人。過去我們會説笑，在病房的那位盲腸有問題，他在我們的概念裡就不是人，只是一條腸。但這次有很多故事，見到很多人很多家庭的反應，其實有一個很好的提醒：我們在診治的是人，面對的是一個家庭。

時：有沒有哪個故事的印象最深？

沈：其實有好幾個。譬如我自己的同事有些很年輕，只二十多三十歲，看著他們一星期內由很健康變得很差很差，太太天天在病房門口哭，不敢進去，又知道他們育有一名很幼小的嬰兒。後來我帶她進去，他們兩口子抱頭痛哭，那時我跟自己説：真的不可以讓他死，否則那家庭怎麼辦？另外有一次當我巡房時，有一個我不認識的病人捉著我肩膀，直想跪在我面前，哭訴雙親都進了來，早上父親已去世，母親在深切治療部，他不想一天之內父母都失去，希望我看看他母親。當我看見他的母親，情況的確很差，結果在同一天內去世。但這青年人很堅強，自己痊癒了，也很孝順。這些故事真的很多。

時：其實你以前也接觸很多死亡的情境，以前的感覺是否一樣？

沈：沒那麼多，那麼深刻。以前巡房是流水作業似的，很少能問及家人，更很少是整家一同病了，有幾個還會不治，因此衝擊沒有那麼大。

時：剛才提及從前「會否令自己出名」的想法，在面對這次疫症時有沒有想過？

沈：今次完全不是這樣，起碼在起初時完全沒有預料到外界對此事的反應會這麼大。早前港台《鏗鏘集》說要來拍攝，我們便讓他們拍，完全沒有準備，有問直答。其實我是很overwhelmed by公眾的支持，猜不到是這麼強烈，我寧願他們全部痊癒，那比幾個人出名好；但體驗到的是原來若我們做好我們的工作(do the job right)，市民是會很欣賞的，對他們的衝擊可以很大，那是起初完全估計不到的。

時：你覺得自己是否do the thing (job) right？

沈：我只可以說我每天會做我可做的事(do the thing we can)，每天都盡力在想我們還有甚麼可以做。我現在比較敏感於人的需要，譬如有些不是我的病人要我去看看，他遠在屯門，驅車四十五分鐘才到，我也會去。有醫生傳呼我去看，我會去。有病人家屬要我去看，我也會去。這是我以前很少做的。

「別理他們，先醫好病人。」

時：這次疫症，兩間大學都各自努力，外間亦覺得他們在彼此競爭，但我甚少見到你回應此事。信仰在這方面有沒有給你一些啟迪幫助？

沈：我自己是香港大學畢業的，在中文大學工作。我的看法是大學有競爭才有進步，但競爭若去到一不健康的階段——你應將你好的東西擺出來，而不是說人家差勁。所以我不想直接牽涉其中。但其實這次事件中令我最欣慰的是港大的袁國勇教授是一位好的基督徒。我跟他相識十多年，他高我兩班，我們是由一個醫學院同事的查經班開始認識。那查經班早已沒有了，只不過過了很多年，就算我們沒有一起查經，但也覺得他是我的弟兄，我也不會對他有甚麼猜疑。

今次大家身處不同的大學，任職不同的崗位——他較多在實驗室，我較多在病房。雖然兩間大學在競爭，但很感謝神，我和袁國勇都很信任對方，起碼雙方也不會相爭相踩。事實上我們是合作醫病的，很多時他會跟我講：不如我們別理會那些事情，先醫好病人。這關係在整件事之中很重要，因為我們要合作才可以應付得到這病。如果只是實驗室裡的證據而沒有臨床的工作，是搞不成的，反之亦然。但若左手不信右手，右手不信左手，就沒法合作。（編按：截稿前，沈祖堯和袁國勇被對方院校委任為醫學院名譽教授。）

我的位份，祂的計劃

時：這段日子有沒有一些經文或文章內容在重要時刻在心裡浮現？

沈：這段日子有很多信徒朋友給我電郵，中間也有聖經金句，其中很印象深的是有人引用了以斯帖記(四：13)，説"you are prepared for this time"。十一年前在加拿大取得博士學位後，曾為應否回港掙扎了好一段時日，其他國家亦有職位提供。現在認識我的朋友就會對我説，幸好我當時返港，也看到神的安排。我也覺得這段聖經提醒我這些事情不是偶然間隨機發生的。我希望可以成為祂的一個工具，在這大時代裡完成祂想達成的。

時：突然間人生好像有了一份歷史感般。

沈：希望這是一篇好的歷史，不是差的歷史。對不同的人來説，這病帶來的是不同的信息；對病人、對死者家屬、對醫護人員、對不曾受感染的，人人的故事都不一樣。我相信對整體來説神要我們學的是：歷史是在祂手裡。這不是人的智慧、科學、醫學，甚至政府的管治可以控制得到的。基本上我們只可以等那病自行消失。

時：會否覺得自己很渺小？

沈：會呀。每次當有電郵問我怎樣看，我當會回覆，在這災難上我們只能等候上帝的憐憫。

時：醫生是受訓在可能範圍內醫治人，卻又要常常等候上帝的憐憫；會否萌生無能感，或者面對上帝卻無言？

沈：不是這樣。我想我們是在參與祂的計劃，我們的角色是醫一些人，但我知道，不論是醫得好還是醫不好，我只可盡力，我沒法改變祂的計劃，但我也要做我的本份，運用我的學識。若我做逃兵，就會好像舊約先知約拿般，I don't want to be part of His plan，這不是我們應該做的事。Well, I feel honoured to be part of His plan.

（第八二〇期，二〇〇三年五月十八日）

沈祖堯的桌面，仍放有早前因為擔心感染而拍下的X光片，上面的日期寫著：三月十八日。

肺炎中你看到耶穌嗎？

胡金榮
wookamwing@yahoo.com

我看不見耶穌——信徒：歧視的參與者

記得在非典型肺炎發生後第一個主日，我如常參與教會崇拜，當椅背還未暖烘，身旁的弟兄已經用不友善的口吻向我說：「你是否在威院工作，你會否傳染我？」帶著納悶的心情敬拜是不好受的。幸好，有一個緊急的傳呼在崇拜前送到，使我有「藉口」避免帶著與弟兄不和的關係去敬拜上主。

可是，對疾病和病人的恐懼和排斥，就像福音在世紀初快速地擴散：被列為不受歡迎人士，先是威爾斯的醫護人員，然後是整個醫護界，跟著是沙田區的居民，然後是淘大花園的住客。無論在電台或新聞組，你均聽到市民大眾咬牙切齒要求將他們放逐隔離的聲音。最不幸的是，連《時代論壇》的網上投票，大部分人士對那些懷疑受感染應否被勸止參加聚會持支持立場，被一無名氏一針見血指為「教會歧視人又一罪證」。

在此時期自保可能情有可原，但當中所使用的話語、姿勢、態度，背後所隱含著的拒絕、批評……對一群已經不幸的人卻是更多一重的打擊。昔日祭司和利未人在行經通往耶利哥城的路上，也是因宗教律例和安全問題等自保理由而拒絕撫摸那落在強盜手中的人，今天信徒又如何面對這落在疫症裡的城市？

耶穌昔日接納被歧視的人、擁抱因疾病、社會階層、犯罪而被遺棄的人，我無意鼓勵大家要立即闖進醫院去與每一個病人擁抱親嘴，但當我們宣揚基督教是一個愛與接納的宗教時，卻在這些小事上暴露出我們虛偽、冷漠、只求自保的屬世價值；當我們在風平浪靜的日子說要得著人心、得著城市，但在這件事件上，信徒又是否使世人覺得「不外如是」呢？

我看不見耶穌——教會：迷信的參與者

無論是多麼專業、多麼密封的口罩，也掩蓋不了內心的恐懼。恐懼所帶來的是對真相知識的漠視，對甜言歪理的歡迎，並反智思維的盛行。

這數星期，教會內不少人均詢問我益力多是否可以預防肺炎，他們均收到網上流言指該飲料含「二硫甲苯」有助抗肺炎，雖然教會內不少肢體均受高等教育，但他們卻對這傳言深信不疑。另一方面，會眾帶著很多市面上昂貴而又不合規格的口罩，當我作出提醒時卻被教會導師斥責為散播謠言製造恐慌(因為每個人都戴錯了)，看來，香港已經成為一個「二流夾笨」的城市。

但真正的迷信和反智，出自一封自稱威院醫護信徒發出的公開信，該信件批評何志平在年初二參與車公廟的求籤，使上帝降瘟疫於沙田區。平時對時事漠不關心的香港信徒，遇到災難時卻喜歡對一切事情穿鑿附會作出解釋（該信件更誤指何為「議員」而非「局長」，更可反映該文作者對時事的認識不足）。有教牧更簡單化地將肺炎事件歸咎於「掌權者離開真神，歸向偶像迷信」，並於大大小小不同的講壇上宣講，接踵而來，就是大大小小不同的祈福活動，將舊約經文斷章取義並合理解釋成為大會旗幟。教會那份自義的驕傲、那份反智的氣氛、那份與苦痛世界完全抽離的情懷、那份諉過於人而無視己責的文化，使我在大小不同的祈禱會中均無法說「阿門」。

雖有龔立人博士和鄧紹光博士於《時代論壇》的聖經教導，專業人士的講解和提醒，大家仍對這種簡單二分的看法樂此不疲。耶穌面對一個反智和迷信的群體，祂又豈可不落淚？

我看見耶穌——天使的面容在未信者身上

在醫學生宿舍內一個基督徒召集的肺炎簡介及祈禱會上，一班同學正在分享，但我的眼目，卻定睛在一個同學——阿邦身上。阿邦不是基督徒，祈禱當然對他來說不是味兒，但他在祈禱會上作了一項參與，媲美其他信徒所作的祈禱。

為了要讓活動室的同學透過電話和擴音器跟病房的同學聯絡，阿邦自告奮勇擔當工程師。這可不是容易的事，需要走出宿舍外，接駁超過六米長的線路，但那同學卻是默默地走出走入，一心一意為了將宿舍和病房的同學連成一線。

一小時後，線路接通了，在病房的同學也聯絡得上了，透過擴音器，宿舍的同學可以和病房患病的同學直接對話，以表關懷。此時此刻，阿邦默默站在一旁，在他的身上，我好像看見了天使。

我看見耶穌——小子和星語祝願

惶恐的氣氛在校園不斷擴散，當一個又一個醫學生病倒的時候，引發校園內恐慌的氣氛，人人生怕身邊的同學或自己的宿友是帶菌者，校園內充滿了怒火怨氣，不少人都覺得醫學生會「陀衰家」連累他們，又有不少人要求校方停課。整個校園變得毫不理性，滿有火藥味。可是，多個基督徒群體在當中，不發一言，校園好像缺乏了愛和關懷的聲音。

小文，一個平平凡凡的一年級女醫學生，就是出於一份感動，主動邀請聯絡中大醫學院的學生會和中大團契，在中大校園舉辦一項名為「星語祝願」的活動，一個上午，兩個下午，一共收集到超過二千粒愛心星星和祝願語句，分別交給病友和醫護人員。這可能是數年來校園中最成功最多人回應的行動！病房內不少和肺炎搏鬥的病友因此而得到正面鼓勵。被隔離的日子是何等孤單和悲涼，星星就像上主的手撫摸他們的心靈。這不是出於甚麼團體或機構的行動策略，而是一個小信徒因著愛心面對上主所發出的實際回應。唯有走出教會安舒的四面牆，福音才有真實意義。

你看見甚麼呢？

感謝上主，在這狂風暴雨的日子，上主仍會藉一些小民百姓甚或未信朋友去彰顯祂的愛和關懷。教會在平靜的日子高調高舉上主是愛，但在風急浪高時所作的小動作，又會給旁人甚麼觀感呢……

（作者為中大醫學生畢業班同學，中大團契團友，前醫學院院會幹事；唯本文不代表上述組織立場。）

（論壇網站時代講場，二〇〇三年四月四日；第八一六期，二〇〇三年四月二十日）

謝婉雯未圓的心願

採訪：蔡聖龍　羅民威

踏入五月中，香港非典型肺炎疫情愈見緩和，不過，在深切治療部奮戰多時卻終於支持不住的病人，亦愈來愈多，死亡數字不斷增加。每當有公立醫院醫務人員殉職，像劉永佳、謝婉雯和鄧香美，更見社會哄動，群眾動容。

屯門醫院殉職醫生謝婉雯，生前的經歷，加上曾先後在不同教會聚會，她的追思悼念活動相信亦最多。透過這些活動，謝婉雯生前向病友廣傳福音的心願，亦在不知不覺間得以成就。

謝婉雯九五年在香港神的教會決志，二〇〇〇年婚後跟隨丈夫在敬拜會聚會，今年二月起參與播道會恩福堂的聚會。這三間教會均先後在會內舉辦追思活動。

不同教會的悼念信息

香港神的教會在五月十八日舉行追思會。該教會與謝婉雯相交多年的多名會友接到謝離世的消息後都十分傷痛，而一般會友在傳媒上得知謝的事蹟，反應較為正面。追思會共計有近千人出席，當中除了該會會友外，亦有不少是會友帶來的親友。會上該會長老分享説，信徒因謝婉雯的離世要從新思考因何而活，不要再只為名利而活；另外信徒要在工作的地方建立祭壇，因為謝婉雯對工作的熱誠和投入，正是在職場上的一個佳美見證，不論同事和病人都讚譽有嘉。

播道會恩福堂的團契則於五月十五日晚舉辦追思會，有約百多名團友出席。據曾出席追思會的恩福堂會友説，雖然謝婉雯參與該會時日甚短，但與她同編於團契新人小組的團友，在當晚分享時都難掩傷痛之情；其他情緒比較平伏的，反思都頗正面，希望珍惜現有的時間。當晚的導師亦以「一粒麥子不落在地裡死了」的經文教導會眾，指事件已促使人人都願意付出服侍他人。

而恩福堂主任蘇穎智牧師在五月十八日的主日崇拜中，則以「榮耀的離世」為題，藉腓立比書一：21-24闡釋「帶使命的活，有盼望的離世」的道理。會上他亦有分享對政府應盡快替醫護人員加強裝備和加長休息時間的強烈訴求。

至於敬拜會，他們除負責謝婉雯的殯葬禮儀，亦印行特刊和製作網站（網址：http://www.joannatse.com），這一切事宜均交由專業公關公司負責。謝婉雯的葬禮並不對外公開，但設有公眾弔唁處。

悼念謝婉雯的網站指疫症之前，香港社會分崩離析，倫常慘變，自殺率每年上千，怨天尤人，自私怨恨，但謝婉雯醫生從沒有怨言，在公在私，順流逆流，她永遠都是別人的朋友。她身邊的人感到凡有她出席的地方就有祥和，就有寧靜，就有希望。

此外，屯門醫院和謝婉雯的母校亦有舉辦追悼活動，前往弔唁的市民更絡繹不絕。至於其他殉職人員，如劉永佳和鄧香美，同樣悼念者眾。

謝婉雯未圓的福音心志

Joanna(謝婉雯)於九五年五月五日由朋友帶到教會決志。當時她已貴為醫生，跟她傳福音、做栽培的姊妹起先也擔心：「咦，醫生會否有架子呢？」但相處後便發覺Joanna十分隨和，聽姊妹講解時十分專心，對神話語十分渴慕。在神的教會聚會期間，她認識了多位好友，雖然後來轉到敬拜會聚會，而且日常工作非常繁忙——照顧病人、開會、做present、讀書、考專業試——但Joanna仍樂意參與教會的聚會，甚至相約弟兄姊妹在她屯門醫院的宿舍一起查經、交通。

今年三月，Joanna和幾位姊妹組成的「追求小組」，一同在她家中查經，那是大家最後一次聚會，當時查考的是馬可福音。本來大家約定在四月查考路加福音，但想不到已沒有機會，因為Joanna在四月三日證實染病，十五日轉入深切治療部，直到五月十三日離世。

在那次最後的小組中，Joanna坦誠分享了傳福音的心志，表示很渴望跟自己的病人傳福音，奈何在醫院十分繁忙，令她無法達成心願。而當一位團友分享自己也在工作上感到疲乏時，她便鼓勵團友不論怎樣繁忙，每天也要抽時間禱告：原來這正是Joanna每天在繁忙中得力的要訣。她勉勵姊妹們不要有事才找神，平日要安排好讀經的時間表——當時更送贈了一份讀經計劃資料予對方。

Joanna人生最後一段路是在病床上度過，只能透過電話與好友通話。雖然她當時呼吸困難、經常肚瀉、應該極度辛苦，但她卻沒有半句怨言，整件事上她從沒問過「why」，完全是甘心樂意，無私獻上；她在電話中最常提及的不是自己的病情，而是香港的疫情和醫院裡的同事和病人，不斷叮囑弟兄姊妹為這兩件事代禱。

在深切治療部陷入半昏迷狀態時，有護士曾看見Joanna好像有反應，於是問她：「你是不是聽到我說話？是就點一點頭吧！」Joanna果然微微點了頭。護士再問：「你想不想聽詩歌？」Joanna又再點了頭——無論處境怎樣，Joanna仍是緊緊地倚靠神。

Joanna和血癌丈夫的愛情故事，大家在報章中已看過不少。原來Joanna的丈夫（當時仍是男朋友）接受骨髓移植後，病情一度好轉，因此兩人為了榮耀神的恩典，便一同於二千年九月領洗，並於同年十二月共諧連理。不過，丈夫後來舊病復發，更於去年六月返回天家。當時Joanna也曾感到軟弱，心情憂傷，不明白神為何要收回他丈夫的生命。那時她的好朋友Sandra不斷陪伴她，跟她看神劇、吃飯、交談；而Joanna縱然經歷幽谷，也沒有離棄上帝，常常聆聽詩歌、讀經親近主，慢慢她便重投工作、努力應付專業試。今年，輪到Sandra因母親病逝而傷痛，Joanna便反過來不斷安慰Sandra……這段經歷，正如箴言十七章17節所言：朋友乃時常親愛，弟兄為患難而生。

集體悼念的記憶空間

醫護人員殉職，有人悲憤問天，也有人（特別是死者同袍）對生活對工作更鍥而不捨，殉職人員家屬亦無不呼籲死者同僚繼續迎戰疫潮。「一粒麥子不落在地裡死了，仍舊是一粒，若是死了，就結出許多子粒來。」這段經文，是近日香港社會的寫照。

香港中文大學崇基神學組副教授龔立人認為，若當下有很多人受影響，我們應問「我可為他們做甚麼？」學習將焦點放離自己遠一些；要接受人生有很多突發的事情，不必過份怪責自己的罪，甚至以為認罪悔改就可以控制環境。

談及眾多的公開悼念活動，龔立人贊成港人以集體儀式，來肯定這班人，尤其是淘大花園等社區遭感染的居民，好將無辜人的歷史寫進港人的集體記憶之中。這不單為安慰生還者，更肯定這是香港的重要歷史，讓疫症期間的眾多不幸和無私精神重塑香港精神，使社會得知所應堅持和嚮往的理想信念是甚麼。

不過，龔立人提醒說，「一粒麥子不落在地裡死了……」這類言論，只宜由死者親屬說出來；況且，「倘若對方其實可以不用死，社會又是否願意犧牲自己所有的來換取他的生命？……人患病，始終不會是為了甚麼目的。」

（節錄，第八二一期，二○○三年五月廿五日）

反省問題

※ 今天我們都很敬重醫護人員，那麼，一直長期身處前線的院牧同工，我們對他們又作了多少支持呢？（又或者可以問：我對所屬的社區院牧，認識多少？）

※ 若會友中有人感染了「非典」，你，會鼓勵你的牧師親身前去慰問嗎？

※ 若你知悉自己牧師曾前往探訪感染者，你會與牧師隔離？會暫時不返教會？還是其他？

※ 在「非典」時期，大多數孩子都留在家中，對你來說是一個親子的機會呢？還是製造了更多「爭吵」的機會呢？

※ 孩子更多時間在家中，會否一時間想不出為他們安排怎樣的活動／教育呢？我們是否已經太習慣將「教育」的責任悉數交託「學校」（教育制度）呢？

※ 「非典」下，傳道／教牧一樣會受到感染。曾有一位新加坡牧師，在港感染後，回新加坡後不久便死了。我們的神不會保守屬於祂的人嗎？

※ 當傳道／教牧患上「非典」，我們準會關心。但是，傳道／教牧在非「非典」的日子，我們又有否關心他們的健康呢？

※ 在「非典」中，大多數信徒，都只是一味求耶穌如何如何醫治，怎樣怎樣解決這個疫症，都只集中在耶穌「權能」的一方面，這是唯一合理的要求嗎？你有何意見？

※ 在這疫症中，我們有否記念耶穌「受苦」的形象，求祂與我們同行呢？

※ 今天我們高舉醫護人員，於是，我們一窩蜂去表示支持，唯恐來不及；但是，我們會否相對地忽略了另類在前線對抗「非典」的朋友，而令這些人心中酸溜溜呢？（試想，你有為每天為你家居大廈清潔的工人感謝，表示欣賞嗎？還有……）

主啊，祢在哪裡？

願你們平安

羅杰才 香港醫院院牧事工聯會總幹事

各位威院的弟兄姊妹平安！這段日子沙田威爾斯醫院成為眾人的焦點，特別是醫護人員所受到的壓力張力，不言而喻。

有人説，恐懼是不幸的利息，這利息甚至比本金還多：你所遇到的不幸或許並不令你那麼驚恐，但那驚恐卻令你加倍受傷害。因此學習如何面對不幸和不理想的環境，並且要坦然平安地面對，很是重要。

約二十：26-29記載耶穌基督復活了，那時距離祂被賣被釘還是很短的時間。那時其實已有門徒見過耶穌復活，並回去傳講，但當時的環境並沒有因為耶穌復活而有所改變，兵丁仍在四出搜捕，門徒走在一起時「門都關了」，氣氛依舊緊張。耶穌基督被賣、被釘、被鞭打的情景，仍歷歷在目，門徒恐懼同樣的事情會發生在自己身上。耶穌已復活了，環境卻仍令他們害怕——這好像很小信，我們或會覺得基督徒本不應如此，但從人性的角度而言這是很理所當然的。

這樣沒信心的一班人，跟了耶穌這麼多年，又清楚知道耶穌復活，但仍那麼驚惶。耶穌找他們，向他們顯現，第一句説話不是説他們如何沒用，而是「願你們平安」。耶穌不單有復活的大能，更有一份細心和憐憫，明白到我們作為人落在那樣的景況裡，驚恐是正常自然的。在這場非典型肺炎的戰爭裡，現今的事態發展好像稍微平靜了一點，但全港無論是政府高層還是其他明事理的人，都知道炸彈尚未拆除，無人能預計今天晚上會有甚麼新數字；事件可能會慢慢解決，也可能愈趨嚴重。在這環境下，我們到底可以如何生活？

很多時我們以為當了基督徒就事事順利，因為有主同在；又或相信當耶穌基督復活後就「天下太平」，甚麼都圓滿解決——似乎兩者也不是。基督徒仍然要戴口罩，亦有可能受感染，報章報道也有牧師患了此病；我們還是要經歷生老病死。耶穌基督復活後，門徒等了又等，希望一切問題都完全得以解決，但歷史告訴我們，環境仍是一樣，耶路撒冷依舊由祭司長和比拉多掌權。然而，環境雖不如門徒想像般改變，耶穌並沒有放棄他們，祂四出向門徒顯現，要改變門徒的心；在提比利亞海邊如是，在往以馬忤斯的路上也如是。耶穌一直在改變我們的心，好讓我們的心能有足夠的力量去面對環境。

「願你們平安」並不是一句空白的祝福。到聖靈降臨的時候，門徒經歷關鍵的改變，他們突然開了竅，明白上帝是真真實實的在他們當中，匠人所棄的已成了頭塊的房角石。因此彼得雖然仍會被捕，甚至可能死，還夠膽講道。環境依舊，人卻已不同。

基督徒信仰寶貴之處不是讓我們百毒不侵，而是讓我們心裡有一份耶穌基督所應許的平安，不能奪去。這平安只有祂能給我們，更讓我們能彼此祝福。願我們今天在這裡就像在當天門徒的小房子裡般，聽到耶穌說：「願你們平安。」

（本文整理自羅杰才牧師於三月廿一日在沙田威爾斯親王醫院小禮堂的週五崇拜的講道內容。標題為編者所加。）

（第八一三期，二〇〇三年三月三十日）

我們可以怎樣祈禱？

鄧紹光　香港浸信會神學院基督教思想（神學與文化）副教授

在這樣的一個時刻，我們可以怎樣祈禱？我們可以怎樣為這個城市、這個世界祈禱？我們都不是有份於這個城市、這個世界嗎？就只是一個人的錯嗎？就只是一個政府的錯嗎？就只是因為一個自稱是基督徒的高級政府官員入鄉隨俗到車公廟求籤惹來的審判？就只是因為這個有責卻不承擔的無能政府得罪上帝而招致的瘟疫？

抑或，根本，實質上，沒有義人，一個也沒有。我們集體犯罪，各以不同的方式自行己路，背離上帝。我們把這個世界弄得一團糟，我們把自己的身體當作工具，我們濫用藥物抗體，我們妄顧生態的危機，我們肆意破壞生存的環境……我們以為大地仍在自己手裡，而事實上，我們已逐漸失去天空、失去大地，同時也失去了生命。我們都是共犯，我們都落在罪惡與苦難的網羅裡面；沒有人可以脫罪，也沒有人可以避凶。我們作的孽，我們自己承受。誰人可以說自己無罪呢？誰人可以說自己是義人呢？

上帝對我們最嚴重的懲罰，就是任憑我們犯罪，然後自食其果，在苦罪中滅頂。上帝不必出手，我們已經遭到報應。一切都咎由自取。因此，祈禱，首先是為我們自己祈禱、認罪悔改，而不必諉過他人；美其名為不義的人代禱，實質乃是尋找替罪羔羊。可是，耶穌基督不就是那無辜的替罪羔羊嗎？耶穌基督不就是那擔當起我們一眾罪人的罪惡過犯的替罪羔羊嗎？

因此，祈禱，首先乃是仰望那被掛在木頭上的耶穌基督，讓祂那破碎的身體審判我們，讓祂那從破碎的身體流出來的血和水醫治我們，以致我們仍可蹣跚地走過自己一手造成的死蔭幽谷。

是的，我們不必諉過他人，自以為義。只是，當我們仰望十字架上赦免眾生罪孽的耶穌基督，又是否能夠參與上帝的苦難，在基督裡分擔這個世界的罪債，以愛心去擁抱悲苦罪生的生命？「父啊，赦免我們，因為我們不曉得！」

（論壇網站時代講場，二〇〇三年三月三十日；
第八一五期，二〇〇三年四月十三日）

妖言惑眾

龔立人 香港中文大學崇基學院神學組副教授
kunglapyan@hotmail.com

美國對伊拉克開戰了。究竟有多少人將會無辜地傷亡？有多少個家庭將會陷入傷痛中？我們無法預計，也不敢點數，因為我們的傷痛使我們數不下去。為何人類不可以從歷史中學習？為何人類不可以化敵人為朋友？或許，這就是政治，就是一場不可能用人際相處的模式來理解的衝突。雖是如此，我們總不服氣、不認命。不服氣就是人民的命運竟由一些政治家來決定，而這些政治家的考慮又竟可以與民意背道而馳。究竟民主的社會與獨裁的社會有甚麼分別？

非典型肺炎在香港的擴散令整個城市響起警號，受感染人數不斷增加，甚至有跡象疾病已在社區層面爆發了。雖然生活充滿一定程度的恐懼，但醫護人員的辛勞感動了香港社會，因為他們顯出了無私的精神；那些受感染的人和他們家庭的遭遇更使我們流下淚珠，因為你們是我們的一份子。究竟下一步可以如何走下去？我們站在十字路口，茫然不知何去何從。

在一次祈禱會中，有一位姊妹如此祈禱，「主啊！求你赦免何志平先生向偶像求籤。因他的犯罪，非典型肺炎在沙田威爾斯醫院爆發了……。」究竟何志平與非典型肺炎爆發有何關係？很少人可以有這樣的聯想。事實上，這樣的聯想並不必要，不但因為這只會加重何志平的罪疚，更因為我們以為上主的忿怒比祂的愛還要強。說回來，何志平豈是基督徒的代表？當認為他代表基督徒的話，我們豈不齊齊陷入「拜車公」的迷信邏輯嗎？所以，我沒有就她的祈禱說「阿們」，也說不出。反在上主面前沉默，因為我的傷痛使我說不出話。再者，上主的傷痛也使祂說不出話來。

在另一次分享祈禱會中，有一位弟兄說，「當下的戰爭正應驗啟示錄所說，人類最後的戰爭將在中東爆發。主必快來。」對於這位弟兄的聯想，我感到無奈和惋惜。不只是因為我不認同他對啟示錄的解釋，更因為這使我們少了一份扭轉無情世界的意志。坦白說，主何時再來，我並不管，因為沒有人知道那時辰。再者，主豈不已在當下嗎？因此，我只知道我對世界的責任，就是扶助哀傷者、挑戰不公義，並塑造一個有情的社會。

面對當下的內憂外患，妖言惑眾的聲音將此起彼落。令我擔心的是，基督徒的聲音也可能是其中之一。若真是如此，求主赦免。

（第八一三期，二〇〇三年三月三十日）

香港病了

韜

「這稱為我名下的子民，若是自卑、禱告，尋求我的面，轉離他們的惡行，我必從天上垂聽，赦免他們的罪，醫治他們的地。」(代下七：14)

今天無論基督徒或非基督徒，焦點都是指向一件貼身的事：非典型肺炎對我們的影響。不論任何宗派的教會，也會鼓動信徒為眾人的身體健康禱告，求神醫治及憐憫香港的市民。在聚焦於疾病本身同時，我們也可多一點思想這疾病帶來的屬靈意義。

或許有人不認同凡是苦難及疾病皆是上帝的懲罰，這也是約伯記帶出的神學觀念。然而不可推諉的，在聖經中也有不少記載是因國家民族的罪惡(甚至是君王的罪)帶來屬靈的破口，讓魔鬼有機會肆意對生命進行攻擊及破壞，上帝容讓事情發生，為要帶來屬靈的醒覺及回轉。

自從香港回歸以來，是走向漸漸遠離上帝心意的步伐。最基本的，是特首偏向尊重中國傳統的偶像文化，也出席不少有關的文化活動，帶動香港走向拜偶像的風氣。政府與商家的勾結，私下批地及以富商利益為先，違背了公平公義的原則；其他政策及措施，也漸漸失去尊重人權及憐憫為懷的宗旨，《基本法》第廿三條立法及削減綜援便是其中的表表者。陳日君主教曾說香港有八大病癥（欠缺尊重、對人漠不關心、缺乏愛心、忽視有需要的社群、不公義、剝削、盲目、短視）更是一語中的。賭波合法化的推行更是是非不分，以金錢利益為首。「你的官長居心悖逆，與盜賊作伴，各都喜愛賄賂，追求贓私。他們不為孤兒伸冤，寡婦的案件也不得呈到他們面前」（賽一：23）。

香港實在是病了。大凡醫治疾病，不會只應付病癥，就像發燒其實只是病癥一樣，發燒背後是因身體感染了病毒。非典型肺炎只是香港在「發燒」，我們需要上帝啟示我們為何有這病癥。若我們認同回歸後香港漸漸遠離上帝的心意，歷代志下這段經文就可能給了我們答案。耶和華啟示所羅門，若以色列人能自卑、禱告及尋求祂的面，遠離他們所犯的惡，神的醫治就會臨到。我們不要忽略上一節：「我若使天閉塞不下雨，或使蝗蟲吃這地的出產，或使瘟疫流行在我民中」（代下七：13），今日香港經濟大衰退，正像被蝗蟲吞吃了以色列的出產般；瘟疫流行更是今日我們的光景。倘若香港仍然不回轉，個人相信經文的第三樣災禍——大自然的災便很快臨到。

今日我們不但需要為瘟疫的止息禱告，更要為香港數年來所犯的罪禱告。現今台灣正強調所謂「認同性的悔改」，意即即使不是我犯罪，但我也因身處的群體犯罪而向神認罪悔改。這也是聖經一向強調的「一個肢體受苦，所有人一同受苦」的群體觀念。身處香港的信徒應責無旁貸地為香港的罪作認同性的認罪悔改，甚至是禁食禱告，正如經文所説，自卑禱告及尋求上帝的面，求上帝醫治的手降在香港每個病患者身上，也要為香港的高官能回轉及認識上帝禱告，更要為上帝的榮耀不要被偶像及假神奪去禱告。

香港面對這場試煉，最終是上帝的恩典。上帝向所羅門啟示這番話，是在他為上帝建造聖殿完畢之時。「我必睜眼看、側耳聽在此處所獻的禱告。現在我已選擇這殿，分別為聖，使我的名永在其中，我的眼、我的心也必常在那裡」(代下七：15-16)。上帝是看重香港，選擇了香港，要分別為聖，使祂的名永在其中，所以容讓試煉臨到我們。深信經過這些試煉後，復興就要來臨，聖靈的大能便會彰顯，上帝的眼及心也必常在香港中。

(第八一六期，二〇〇三年四月二十日)

受苦節默想崇拜
二〇〇三年（非典型）肺炎苦路十四站

林國璋 基督教善樂堂義務牧師

主禮：聖善的上主，我們來到祢面前，帶著惶恐與不安，因為在過去一個多月以來，由於非典型肺炎在港肆虐，引起全港以至全球的恐慌，整個社會受到嚴峻的考驗。今天，是基督的受苦紀念日，願我們來到基督的十架前，再一次默想昔日基督所走過的苦路，願我們可以從中得啟發與幫助，釋放與醫治。阿們。

會眾：上主，求祢與我們一起在苦路上同行，讓我們從祢身上得著力量，戰勝恐懼。阿們。

第一站
耶穌被判死刑——
非典型肺炎，登陸香江

去年十一月十六日，廣東佛山最先出現非典型肺炎病例。到今年二月初，肺炎已蔓延至廣州、河源、中山、江門、深圳及肇慶等城市。三月三日，威爾斯親王醫院首名醫護人員肺炎病發，非典型肺炎正式在港登陸。到今天，發病個案已超過一千人。

禱文：上主，讓我們確信祢是醫治的主，祢是掌管萬有的主。求祢叫我們去明白祢的旨意。阿們。

第二站
耶穌背十字架——
整個社會，人人承擔

非典型肺炎先後在幾間醫院爆發，起初有關當局為免引起公眾恐慌，聲言此病毒只有限度在醫院範圍內擴散，並不影響社區。但轉瞬間，病毒在全港不同社區擴散，以淘大花園最為嚴重。起初，市民生活如常，最後引致全港學校停課，急症室暫停服務，並引起坊間搶購口罩，人人自危，只得自保。

禱文：主基督，祢本有神的形象，卻不以自己與神有同等的尊威，反倒虛己，取了奴僕的樣式。讓我們帶著這薄薄的口罩時，不要忘記祢曾為著我們，甘心背負著這沉重的十字架。阿們。

第三站
耶穌第一次跌倒——
前線醫護人員病倒

三月十一日，威爾斯醫院有超過二十名8A 病房的醫護人員受感染。未受感染的醫護人員終日活在「不知何日受感染」的恐慌之中，他們害怕將病毒帶回自己的家，至使他們有家歸不得，過著猶如浪人般的生活。

禱文：主基督，祢也曾多受痛苦，常經憂患，好像被人掩面不看的一樣。求祢保守我們這班前線醫護人員，讓他們能繼續謹守崗位，堅強作戰。阿們。

第四站
耶穌遇見祂的母親——
林彩屏遇見她的母親

一位前線醫護人員林彩屏，在一篇自白中透露，她為免家人受感染，在家裡也戴著口罩，但她的媽媽卻叫她不要戴，這位媽媽不但不怕被女兒傳染，還常常煲湯水去支持女兒。

禱文：主基督，求祢加給我們愛心，因為只有愛，才能戰勝恐懼，就像昔日當祢被捕時，門徒都落荒而逃，但馬利亞卻苦苦相隨。上主，求祢叫我們能對前線的醫護人員有更大的支持，又求祢加添他們力量與勇氣，繼續履行他們濟世為懷的使命。阿們。

第五站
西門助耶穌背十架——
研究人員，尋找病源

除了前線醫護人員疲於奔命外，一班專家學者也日以繼夜追尋病源，以致可以對症下藥。三月十八日，中大醫學院指病毒屬於副黏液病毒科。三月二十二日，港大研究出快速測試法。同日，威院急症室服務暫停。三月二十七日，學校開始停課，全民投入在這場防炎與抗炎的戰役之中。

禱文：上主，我們知道各人的重擔，互相擔當，以完全基督的律法。求祢讓我們不要麻木不仁，對有需要的人，隨時施以幫助。又求祢賜智慧予研究人員，讓他們能早日研究出對付非典型肺炎之良策與良藥。阿們。

第六站
韋羅尼加拭抹耶穌的臉——
「一人一口罩」運動

由於非典型肺炎突如其來，口罩一時供不應求，尤其是前線醫護人員。於是有電台節目主持人發起「一人一口罩」運動，籌募經費購置口罩供前線醫護人員使用，亦同時表示對他們的致敬。短短一個週末，就籌得三百多萬，可見市民對這班前線人員的支持。

禱文：上主，讓我們能有勇氣站出來，去表達對這班冒死去對抗疾病的醫生、護士和清潔工人崇高的敬意。讓他們工作不孤單疲乏，並時刻有上主的同在與幫助。阿們。

第七站
耶穌第二次跌倒——
醫管局總裁何兆煒染病

三月二十三日，感染個案超過二百，醫管局總裁何兆煒證實染病。由於他連日為著病毒爆發之事，四出奔波巡視各有關醫院，包括進出高危病房，雖然做足一切預防措施，也不能倖免。

禱文：上主，我們是何等需要祢的愛與保佑，醫生也需要祢的醫治，因為祢才是全能的醫治者，為何兆煒醫生獻上禱告，求主醫治。阿們。

第八站
耶穌對耶路撒冷婦女說安慰的話——全城恐慌，驚弓之鳥

四月一日，一名青年乘著愚人節，在網上發放了香港即時成為疫埠的消息，本以為只是開開玩笑，誰知卻引起全城恐慌，全港超級市場隨即大排長龍，主要食糧及日常用品被搶購一空。政府不敢掉以輕心，馬上作出澄清。

禱文：上主，求祢安定我們的心，我們正受這次疫症的困擾，落在恐慌與無奈之中，求祢將平安賜給我們，又將日用的飲食賜給我們，除去我們心中的恐慌，保守我們的心思意念，能時刻倚靠祢。阿們。

第九站
耶穌第三次跌倒——馮康醫生染病

新界東聯網總監兼威爾斯醫院行政總監馮康醫生，於三月二十七日發燒及懷疑染病，到四月六日證實染病。四月八日，染病個案超過八百，聯合醫院繼威院後，再次爆發醫護人員大批受感染個案，引起醫護人員落入極度不安之中，因為他們知道醫院的設施並不足以應付不斷上升的染病者。

禱文：上主，求祢憐憫香港，我們不知甚麼時候才

可擺脱非典型肺炎帶來之困擾，有關官員也沒有把握説得清楚。上主，求祢在這懷疑的時刻中賜給我們信心，在恐慌不安中，賜給我們安全感和勇氣。阿們。

第十站
耶穌被剝去衣服——
鐘錶商人於瑞士被排斥

世界衛生組織於三月底發出旅遊警告，勸喻全球人士押後前往有關受肺炎感染地區之行程。與此同時，在瑞士正值舉行盛大的鐘錶展覽，香港商人被禁止參與展覽活動，最後，三百多名商人全體宣告退出大會，以示抗議。同日，紐西蘭亦拒絕一團中國代表團參與該國之會議。泰國更指定港人在泰國旅遊時必須帶上口罩，違者可能會被判監。事情發展到今天，不單是染病者受到排斥與歧視，而是整個香港，以至是全球的華人也因此而受到不公平的對待。

禱文：上主，我們需要真正的和平，求祢除去我們人與人之間，國與國之間的分歧與仇視，讓我們為身旁咳嗽的朋友送上紙巾，而不是厭惡的眼神，送上祝福，而不是咒詛。阿們。

第十一站
耶穌被釘在十字架——
淘大居民被隔離

三月三十一日，淘大花園受感染人數增至二百一十三人，衛生署向淘大花園E座居民發出「隔離令」，所有住客十日內不准進出。翌日，更被勒令分別遷往三個隔離營。淘大居民不單有家歸不得，而且失去了人身自由。一早離開的居民，也要被勸喻現身接受檢查。他們面對旁人的白眼，工作學業受到影響，連搬家也不容易，「淘大花園」成了他們的標籤，是感染者的代號。

禱文：上主，感謝祢對我們的大愛，祢當日被釘在十字架上，親身擔當了我們的罪，除去了神與人之間的隔阻。今天，淘大花園的居民因著遏止病毒的擴散，而被禁閉，上主，求祢讓他們知道沒有甚麼能把他們與祢的愛隔絕，求祢與他們同在，給予隨時的鼓勵與幫助。阿們。

第十二站
耶穌死在十字架上——
無懼死亡，珍惜生命

截至四月十三日，因非典型肺炎感染而死亡的本地個案增至四十人。這正是市民感到憂慮之關鍵。

禱文：上主，求祢讓我們能夠珍惜活著的每一天，又求祢讓我們更多明白生命的奧祕，知道死亡並不是生命的終結，乃是與祢一起在樂園裡生活的開始。給我們智慧，既懂得珍惜生命，同時，又無懼死亡。阿們。

第十三站
把耶穌從十字架上卸下——
齊心協力，重建香江

在這香港最嚴峻的時刻，紀律部隊站出來，宣佈隨時候命，服務市民，不放長假，不離香港，共度時艱。民安隊也不眠不休，在隔離營服侍一班受隔離的淘大居民。電台節目主持呼籲市民留港建港，不作逃兵。

禱文：上主，求祢在香港這個最艱難的時刻，讓我們能活出人性之美善，互相砥礪，互相扶持，讓我們軟弱的心靈得到堅壯，讓我們悲哀的心再次獲得上主所賜的歡愉。阿們。

第十四站
把耶穌的遺體安放在聖墓內——
活著就是盼望

三月二十九日，九名首批威院患非典型肺炎的醫護人員康復出院，報章大字標題向他們致敬：「有了你，生命更美麗。」他們的出院，強烈地傳播了一個信息：「非典型肺炎並不是絕症」，他們分享了在生死中的掙扎與感受：活著就是盼望。

禱文：上主，求祢讓我們能夠在日常生活中，活出對祢的信心，特別在生命的掙扎之中，活出對祢的盼望，和對復活的盼望。阿們。

主禮：復活的主，感謝祢讓我們在這苦路上與祢相遇，知道祢是明白我們的恐慌，使我們今天所遇著的苦難重新得著意義，讓我們更體會基督昔日所受的苦楚，叫我們更珍惜天父對我們的愛。阿們。

會眾：感謝上主。阿們。

（第八一六期，二〇〇三年四月二十日）

教會還有平安和盼望嗎？

非典型信徒

非典型肺炎在香港已經上榜月餘，經濟受衝擊，政府高官處處處事的失當，每日每時對個案、疫情的報道，都沒有帶來好消息，於是，城市市民變得愈來愈驚恐，有口罩，先搶；以為會斷糧，又搶。城市變得低沉，市民顯得無望、緊張、憂愁。教會和信徒在這香港關鍵時刻，又做了些甚麼呢？

我們與一般市民沒有兩樣。出面搶購口罩，我們也急購口罩，甚至連即用即棄的聖餐杯，也忽然搶購一空，好些書室賣個斷市；連貴價的「一站式」聖餐杯餅市場，也出現緊張情況。有好些教會的聚會，立即停止，一停到四月底。進入教會崇拜前，都被極度（近乎強制）要求戴口罩、洗手。施聖餐呢？牧者像施手術一樣，襄禮也煞有介事，除了一件「生化衣」未穿之外，樣樣都有。會眾為安全計，暫時不再（帶小朋友）返教會；即使返到教會崇拜者，又要戴著口罩來唱詩，連握握手、拍拍肩，都十分避忌；一聲咳、一個噴嚏，可以立刻嚇得崇拜者立時離去；試問，一個新來教會的朋友，此時此刻來到教會，你可以說服他：信耶穌，有平安的嗎？據悉，一些教會知道自己教會附近爆發疫症，便立刻整個教會搬到友會處崇拜；又據悉，因教會有會友在牛頭角等疫情嚴重的地區居住，而被暗示他暫不要回到教會來(即使「他」沒有被感染跡象)。此情此境，你可以說服別人，教會會為他帶來平安的信息嗎？我們的城市已經夠悲沉了，我們還要加添一份悲沉的氣氛予我們的香港市民嗎？

另一方面，有些教會卻又「大安主義」，表示教會有神同在，故不用戴口罩，有神保守。不理會醫管局的呼籲，妄顧公眾安全，考驗上帝(祂非要保守不可)，這樣教會，又教人怎樣有平安進入來呢？

崇拜之外，我們信徒在社會中，又作了甚麼群體見證呢？人家祈福，我們搞祈禱，各區各處都有，甚至有甚麼每十分鐘禱告一次，每晚定時定刻一齊禱告又有。有時我在想，我們禱告花款之多，計劃之巧妙，實在令人咋舌。但我又想，為何我們在祈禱，發個慰問卡外，就不可以做其它了嗎？祈禱以外，我們還有信息可以對此時刻的香港人分享嗎？事實上，既有院牧之網絡，為甚麼信徒／教會(一些只知增長，少顧社會／地區牧養的教會，請注意)，不能／不願參予前線的協助呢？到醫院協助送湯水，可以嗎？為醫護人員籌款(或將崇拜的獻金)，購買醫護人員不足物資，可以嗎？

對不起，我說得太多，太多囉唆，又似乎「揭」得太多教會的不是了。對於教會現階段所做的一切，都有她的理由，都可以諒解。只是，我只想說，我們作為有盼望的基督徒，我們的盼望從哪裡來？我們的盼望，又能否可以在此刻悲情處處的香港，帶來一點曙光？我相信，此刻，正是我們見證的時刻！你同意嗎？你，又會怎樣做呢？

（第八一七期，二〇〇三年四月廿七日）

一點感思

陳華恩

他們說因一個人的行為　祢降罪整個城市
祢會嗎
我說祢借這人預先通報惡運將到
我們錯過了圍剿肺炎菌的契機
被病毒牽著鼻子走
走得驚險艱辛
事實是　我們仍然受困　無助　無奈

人說他們不靠智慧　不靠人的力量
只靠祢
我問祢在哪裡
當人們染病時　祢在哪裡
孕婦死去　祢去了哪裡
早產孤兒的哭聲　祢聽見沒有
威院　淘大　鯉魚門　醫護人員　病人　ICU　祢都臨在？
為甚麼祢就是沒走進病毒的基因坐一會
祢喊一句　住了吧　靜了吧
不可以嗎？
祢既然隱藏　我們只能靠人的力量　靠智慧

人們口裡仍然對祢大有信心
仍然高唱祢慈愛
好堅　好勁
我卻看是替祢辯護　為祢開脫
哪知祢可能在咒詛香港　警告世界　向人類發怒
如祢果真這樣
我們能作甚麼？
假若祢的膀臂不短小　右手強有力　只是不肯伸手
我們又拿祢奈何？
我們反思肺炎　用思辯緩解心愁
宣告祢仍掌權　卻未感受祢的震怒

上帝
祢沉默　我們加倍驚惶
祢擊殺　我們怎樣抵擋
求祢止息祢加害我們人類的AP計劃
免得我們瘋狂　推卸
無休止地驚惶　崩潰
假如祢袖手　我們只能動手
假如祢旁觀　我們將更團結
向顯微鏡下的敵人宣戰
祢的失蹤　換來我們的
精　神　錯　亂

是否要等到我們從無知　兒戲　分裂　埋怨
落到更瘋狂的無助
祢才從我們的暴風　祢的酣夢
猛然站起

或者
我的話語　我的憤怒
都源於我對祢的陌生

一個在風暴中嘗試仍然禱告的信徒
陳華恩
二〇〇三年四月十五日

（第八一八期，二〇〇三年五月四日）

反省問題

※ 單單為這城禱告，你認為可以因此而叫人得著「平安」嗎？你認為還有甚麼可以「做」呢？

※ 據〈妖言惑眾〉一文所說，據悉曾有醫護基督徒認為，這「非典」是因有自稱基督徒高官（何氏）求籤，激怒上主，以致神大大降罰這城。你認為這「意見」有多合理？

※ （續上題）你認為神會因為一個人的錯，而降罰四鄰「無辜辜」的人嗎？神若真的如此做，你認為合理嗎？

※ 在「非典」期間，教會所做的，諸如，突然停止崇拜聚會、忽然停止團契探訪等、人人戴口罩、入門後要洗手、搶購即棄聖餐杯、施聖餐好似施手術一樣時，你認為，教會在社區群體中可以為社區人士帶來真正的平安嗎？若不能，你認為教會可以怎樣做才較穩妥呢？

※ 在「非典」的日子，面對上帝，你心中有甚麼感受？是惶恐？是憤怒？是無言？是平安？你覺得上帝會怎樣看待你的感受？

肺炎以外

她的眼神

李錦洪

「耶穌一生的大奧祕是祂完成使命的方式——不是藉著行動，而是藉著被動；不是藉著祂所作的事，而是藉著別人在祂身上作的事……就是這樣直至祂在十架上瀕死時大聲説：『成了』。」

《亞當——神的愛子》· 盧雲

從未如此留意和珍視這眾多的眼神。

當口罩蓋住了大半的面容，就只能透過眼神去辨認相識的人，不相識的顏容。

眼神，多是憂鬱，消沉。

只因為我們的城市病重了。

然而，我仍在眾生中找尋，仍舊閃著希望與靈慧的眼神，就算在困倦下仍帶出盼望的光輝。

終於在《明報週刊》中找到了妳，一位自告奮勇的外科護士在高危的處境中走進療治SARS病房中，作病人的守護天使，週刊給妳拍了張面部大特寫，粉綠的口罩蓋住半張臉，想是一張俏麗的容顏，只留下一對眼睛去訴説這段日子的經歷。妳説：「以前，我們的醫療著重的是技術、學識、經驗，今次我體會得到心靈的醫治同樣重要。」

妳就是那位在我們封面專題中自剖的那位林姑娘。

生命就是如斯的弔詭，誰能測透箇中的奧祕？以為擁有最先進醫療設備和知識的專業醫護，在SARS的摧殘中相繼倒下，能醫不自醫，醫院反成了感染的殺戮戰場，暴露了制度和硬件的不足；可幸是，心靈軟件，專業精神彌補了太多的不足，在最前線守護著城市的生命馬其諾。

我想起已故的盧雲神父，放下尊貴的教職，走進弱智人士的世界，卑身服事，在他眼中，信仰就是這樣有血有肉地活在人群中。

《亞當——神的愛子》就是透過作者與弱智者亞當的互動中去體認耶穌。

上帝給耶穌一個獨特的使命，就是淨化人心。盧雲眼中的亞當，與耶穌一樣只有短短卅多年的生旅，生活不能自己，脆弱，被動，甚至不能告訴你他的痛苦，卻成為別人強力的支持。因為唯有當他活在一個充滿愛的團體生活時，生命才有意義，否則只成為一種負累。

生命的施與受是雙向的，主動與被動也沒有恆固的軌跡，人總想按自己的意念與價值去行事，很多時候卻常受別人的支配與影響，終人一生，是被動多於主動，因為太多事情令人無法掌握。像林姑娘以及眾多在SARS疫境中作戰的醫護人員，既是被動，也有主動，既安慰支援、照料病人，同樣也受到別人的支援與鼓勵。

走在加略山路上的耶穌是完全的被動，祂曾求父把苦杯挪開，但終極仍以父神的旨意為依歸。

當苦杯傾瀉在我們的城市，除了哀求父神把它挪開，同時又要主動去承受這苦澀與毒害，分擔別人更大的苦杯。

她的眼神，告訴這杯盛載的有多苦，也透發著信靠耶穌有多甜美。

「你們心裡不要憂愁，你們信神，也當信我」（約十四：1）。

「我的眼目時常仰望耶和華，因為祂必將我的腳從網裡拉出來」（詩廿五：15）。

（第八一六期，二〇〇三年四月二十日）

三月沙田，令人憐愛

陳偉明

我居住沙田已有廿一年了！由八二年進入乙明村開始，我已深深的愛上這地方。現在，我縱使建立了自己的家庭，也不願離開這地方，故此，沙田第一城就成為我的新居。而鄰近第一城的城門河畔，就是我和不少居民的「跑步聖地」。至於我所事奉的教會，便座落在沙角村，我和這裡的街坊，就建立了不少友誼。還有，在第一城和沙角村中間的威爾斯親王醫院，也是我的「老朋友」，我除了時常「幫襯」它外，我也不時要「到此一遊」，探望患病的肢體，作出慰問與關懷。可是，三月開始，我心中的「沙田夢」，就在非典型肺炎的威脅下驚醒過來。

今次非典型肺炎的爆發，沙田被稱為「重災區」，實不為過。無論患病人數與傳播地點，都是全港之冠，威爾斯醫院的情況更是非常嚴重。近來，當我每天上班，行經威爾斯醫院的時候，我為到這位「老朋友」而心痛，我恨不得要這病菌立即消失。可惜，我不是醫生，而且連醫生自己也被感染，故此，我只有看著「老朋友」不斷受盡折磨。在我的教會裡，也有數位肢體都在威爾斯醫院工作。基於醫院的指引，部分肢體更不能出席崇拜，以免傳播病菌。當我知道有肢體在醫院內打這場「抗肺炎戰」的時候，一方面為他們的勇氣而鼓舞，另方面也為他們身陷險境而憂心。

對我們這班沙田居民來說，我們每天都活在惶恐之中。當發現非典型肺炎在沙田區內擴散後，在城門河跑步的人也減少了，還可以跑步的我感到非常孤單。在我家樓下的幼兒園，以至區內部分中小學，發現有非典型肺炎的患者後，我也不時聽見居民對停課的討論，當中大部分家長都贊成停課，以免子女染病，但亦有經濟困難的家長忙於「搵食」，又怕被人辭退，便無法回家照顧子女。學校方面，既要保障學生健康，又擔心學生在放假後，會到公眾場所玩樂，到時更易受到感染，故此，在政府未作停課決定前，部分學校表現得猶豫不決。還有，當政府公佈口罩可減低非典型肺炎的傳播機會時，口罩就出現搶購潮。現在，我每天經過藥房的時候，都有不少人在買口罩，更有部分藥房的門外大排長龍。幸好，買口罩都很有秩序，部分社會服務機構亦有分發口罩給居民，這為惶恐的人帶來一點平安。

至於近日網上流傳著一封自稱是基督徒醫護人員的信，認為是某基督徒的政策局局長在新年期間拜車公而得罪神，令沙田受到瘟疫的咒詛。作為沙田的一分子，對此我全不能接受，皆因我深深相信，包括在威爾斯醫院盡心竭力的醫護人員，沙田區還有很多愛主愛人的信徒，上帝必會祝福他們，他們得著的祝福，也會惠及身邊的人。而且，慈愛的主也未必會因著那些有基督徒之名，卻無基督徒之實的人，去懲罰全城。不少時候，苦難的源頭總是無從解釋，若我們是真的憐愛沙田的時候，就不要對這場疫症爆發，作出無謂的解釋。反而，我們應以基督的仁愛，去關心每一個被這次疫症所傷害的人。

今天的沙田，已經被非典型肺炎的入侵而病倒了。現在，我可以去做的，就是每天都為沙田祈禱。求主幫助我們，去面對這場世紀疫症！

（第八一四期，二○○三年四月六日）

生命的再思

何志滌　播道會同福堂主任牧師
peter@tungfook.com

最近非典型肺炎事件使香港人陷入前所未有的恐慌，只要碰到有人咳嗽，就已擺出一副不想親近的樣子，甚至有人告訴我不要讓有咳嗽的弟兄姊妹參加崇拜，以免傳播病毒，也有教會週間聚會完全取消，只保持週日崇拜。可是，院牧事工所發出的消息，知道很多醫生和院牧仍然不怕病毒的傳染，仍然努力照顧和探訪，告訴我們社會中仍然有「愛」。

每個人都看重「生命」。自古以來，人都追求「長生不老」之藥，只是人仍然會「壽終正寢」。對人類來說，「生」、「老」、「病」、「死」是不能逃避的過程。可是，基督徒應如何面對這次危機？

一、再思生命的意義

使徒保羅說：「因我活著就是基督，我死了就有益處」(腓一：21)。當然，這不是不必理會這次危機，也不是「死就死吧」的心態，而是要明白聖經對「生」與「死」的看法。使徒保羅的意思是信徒要為主而活，若為主而死也要感恩，因為能永遠與神同在(參約壹三：2-3)。當然，感染非典型肺炎不是殉道。只是可以從另一個角度來看，若身體健康的時候，是否願意為主而活，按他的意思就是「傳揚福音」。若我們仔細的看這場瘟疫，肯定是一場屬靈爭戰。信徒能否站起來宣告神的得勝而化「危」為「機」？使徒保羅說：「只要凡事放膽，無論是生是死，總叫基督在我身上照常顯大」(腓一：20下)。

二、再思個人的屬靈生命

耶穌基督說：「我是葡萄樹，你們是枝子。常在我裡面的，我也常在他裡面，這人就多結果子；因為離了我，你們就不能作甚麼。人若不常在我裡面，就像枝子丟在外面枯乾，人拾起來，扔在火裡燒了」(約十五：5-6)。這是耶穌基督對信徒的警告，信徒必定要結果子。按常理，能結果子代表這棵植物有生命。按耶穌基督的警告，要反省是否常在「祂」裡面。聖經提到「罪」攔阻神與人進入美好的關係(弗四：17-32)。亞當夏娃犯罪後就躲藏起來不敢面對神。我相信香港的瘟疫是神給予機會要信徒作反省，是否有得罪三一真神而仍然不肯悔改。神說：「這稱為我名下的子民，若是自卑(謙卑)、禱告，尋求我的面，轉離他們的惡行，我必從天上垂聽，赦免他們的罪，醫治他們的地」(代下七：14)。

弟兄姊妹，耶和華神是「守約施慈愛」和「不輕易發怒」，讓我們趕快回到神寶座前，親近祂，認罪悔改，神的醫治必然臨到。

(第八一五期，二〇〇三年四月十三日)

寫給懷疑世界就快末日的人

快必

takchi_tam@hotmail.com

懷疑世界就快末日的人：

本來我不是這一族人，我認為世界末日應該不會在我有生之年降臨，因為正如聖經講，上帝未返嚟唔係拖延而是忍耐我們這班不知所謂的人。既然都忍咗咁耐，應該愈忍愈耐有排至嚟喫，但各位觀眾，你睇最近世事國情，我都懷疑世界末日就快降臨，既驚且喜呀！

殊仔哥以正義化身上帝二號，打著世界第一旗號，視聯合國安理會為無物，不義地強攻掠奪伊拉克，然後貝里雅走出來大聲地説會幫助伊拉克人民重建家園。我一面睇一面打晒冷震，神又係你鬼又係你。當我見到手提電話、MD、MP3等東西十日轉一次款，廿日upgrade一次的時候，更加為人性而汗顏。你睇殊仔哥，你睇正義超人，原來人類是從沒有進步過。所以我愈來愈懷疑，愈來愈相信，呢個世界真係就快玩完（還原）？

但不用擔心，因為世界未末日，香港應該快人一步末日，一日衰過一日。政府高官卸責之餘又弄權，只知搵著數而冇承擔，松哥表演完又到肺炎肆虐，香港仲唔係末日？「與其咒詛不如祝福」八個字電視播、電台播、教會外牆高姿態地標示著，我都想與其咒詛不如祝福，但祝福得落至得㗎大佬！

但話又要分兩頭，你話香港經濟唔好，經濟末日，又唔係完全係喎。前排The Rolling Stones來港開演唱會，最貴票價為HK$2888，仍有大把人撲飛；還有再之前的Cliff Richard和之後的Andy Williams，都是場開場有場場爆。以為個市會好轉，點知又來一次肺炎勁爆，淘大成疫區，香港經濟繼續死寂，人心繼續灰沉。我都想叫大家平安，我都想祝福大家，卻又自覺好像假先知一樣一味話「冇事嘅冇事嘅，大家平安大家平安」，好矛盾！

忽然想起一句歌詞「像架車失去離合器」（好似是張國榮的歌，但冇邊個電台播呢隻）。世界、香港，都像架車失去離合器。

（第八一五期，二〇〇三年四月十三日）

一位孕婦的歎息——如果災難不過去

陳江彩鳳

ahwingahkong@hotmail.com

爆發非典型肺炎之後，大家一定從傳媒知道不少消息，然後你身邊又會發生不少跟平常不一樣的事件，我身邊發生的不尋常事件如下：

* 我家住西貢，爸爸媽媽老爺奶奶都寧願我不要回家吃飯，於是我很久沒有見我的家人；
* 雖然懷孕七個月，但不敢到醫院覆診，怕感染病毒；
* 本來預備好的教會活動七成取消；
* 有小朋友突然多了幾個星期假期，來了我家度假；
* 也有朋友怕將病毒帶來，取消到訪；
* 帶上口罩出街，呼吸困難，看見人哭笑難分。

星期日如常返教會崇拜，聚會中一直帶著口罩的弟兄姊妹比上星期更多，許多父母把小孩子留在家中。大家都被一片愁緒、憂慮籠罩著，我們能做的，好像只有禱告、禱告、繼續禱告。司事派餐的時候，全都帶上了口罩、穿上了手套，餅用膠袋一小片一小片獨立包起來，杯分得開一點，牧師叮囑我們拿的時候，盡量不要觸碰到別的杯。看見這景象，我終於哭了，腦海中浮現出一個問題：如果災難不過去，我們以後該如何繼續生活？

我並不悲觀，也不是殘忍，我和許多人一樣，每天祈禱上帝，讓這災難快點過去。可是，聖經描繪的末日景象，難道不是這樣的嗎？我們從小一直聽聞末日有災禍，「民要攻打民、國要攻打國」是我們從牧者口中耳熟能詳的末日記號，但原來我們一直覺得，這些日子距離我們很遠，大概不會在我這一代發生，也大概不會在我下一代身上發生，我們照樣吃喝嫁娶、買樓工作進修考試交功課。如果基督第一次降世與第二次再來之間的日子都是末日的話，我們怎麼能知道我們接近哪一端多一點？如果沒有人知道基督第二次甚麼時候再來，為甚麼不可以是我們這一代？而如果信徒不用面對那末日的災難，為甚麼聖經說要為選民減少那日子，為甚麼教會要儆醒、要忍耐到底？

我知道我們要面對災難，而當災難要發生時，它最可怕的地方不是要我們一下子死去，而竟然是割斷了人正常的溝通和親密關係，我們被孤獨地隔離。我又終於明白，為甚麼聖經說，當災難發生時，我們會寧願大山倒在我們身上（路廿三：30），正如有弟兄說，簡單快捷地回到天父裡是最好的；我又終於感受到，為甚麼「懷孕和奶孩子的有禍了」（太廿四：19、可十三：17、路廿一：23），因為我不單要照顧自己，還要照顧肚子裡那還未懂說話走路的脆弱小生命。我的身體不一定比別人弱，但我一定不能像以往一樣，東奔西跑、行動自如。

是的，如果災難不過去，如果小孩子出世的時候，疫症仍然在蔓延，我可以一生躲在家裡嗎？我可以從此以後不再見我的家人嗎？我可以不再出現公眾場合、不再到教會聚會嗎？我腦海中忽然浮現出另一幅景象：十多年前的天安門廣場，當所有人都知道廣場外已經有不少人倒下的時候，人民英雄記念碑下，仍然有學生手拉著手唱著歌，到生命的最後一刻，他們仍然堅持自己的信念。是的，這是非常悲壯的場面，但如果我們要繼續生活，我們是否得在這矛盾中掙扎求存？

所以，我祈求上帝讓災難快點過去、我祈求上帝給予前線的醫護人員有足夠的力量與支持、我祈求上帝讓決策者有智慧去做出正確的決定。但如果世界的危機一個接一個地繼續出現，如果我們不能求死，還得在不知名的各樣災難中同桌吃飯、同居共枕，則我更祈求我們更努力看清楚聖經，好讓我們理解的信仰更壯實，更能支持我們含笑活下去，不單用一兩個問題質疑上帝，而是用一生發現自己的不足和有限。我祈求我們的心靈更堅強，既願意流淚，但不會要求一個溫情泛濫的信仰；既願意關心有需要的人，也更緊緊地拉著整個信仰群體，不輕易離開教會。

我深深相信：眼淚不一定洗去困難，但耶穌的救恩也是在血淚之中成全；信仰不一定對所有問題提供答案，但天父一定賜我們足夠力量面對沒有答案的問題；苦難不一定在短時間之中過去，但上帝一定是永恆的主宰。

（第八一八期，二〇〇三年五月四日）

如同瘟疫一般

馬健明 筲箕灣浸信會主任牧師

ma@skwbc.org.hk

「我們看這個人，如同瘟疫一般，是鼓動普天下眾猶太人生亂的，又是拿撒勒教黨裡的一個頭目……」(徒廿四：5)。

如果我們沒有經驗過非典型肺炎的威力，我們就不能充分明白帖士羅對保羅的控訴，並描述保羅如同瘟疫。到底保羅如同瘟疫是甚麼意思？對猶太人來說，保羅破壞了他們的傳統，強迫他們作出回應、作出改變。保羅所傳講的乃是拿撒勒人耶穌基督的福音，透過聖靈的大能，在不同的地方造成了極大的突破，很多猶太人信了復活的拿撒勒人耶穌，更有很多外邦人歸信了主。猶太教會領袖為了要保存他的宗教地位及猶太人傳統，他們看保羅是一個改革者、一個危險的人物。對於羅馬人來說，任何對平穩管治的威脅都視為敵人。保羅所到的地方，不是引起了暴動便是引起了復興。他是一個引爆者，將人心對活在世上的不滿足引爆了出來，也將福音的大能引爆出來。聖靈的能力使保羅的生命滿溢了，保羅所接觸的所有生命都會被他影響。他是一個超級「帶菌者」，任何與保羅接觸的人都逃不過被主耶穌的影響。律師對保羅的三項指控：一、個人的——如同瘟疫；二、政治上的——是鼓動天下人生亂，是拿撒勒黨裡的領袖；三、宗教的——連聖殿也想污穢。面對這樣的指控，保羅帶著無比的勇氣，道破了一切指控的虛偽，說出了成為「瘟疫」主要原因，就是為了「死人復活的道理」（徒廿四：21）。

原來耶穌基督的福音及影響力是如此巨大，怪不得保羅說：「福音是神的大能，要救一切相信的人。」今天，神的靈正再次澆灌祂的子民，將復活的主耶穌，帶回了無生氣、死氣沉沉的教會；再次以勇氣及喜樂去復興枯乾的生命。福音的大能能夠影響每一個人，因為這是神的大能！福音，不再是理性上的明白，而是無論在甚麼環境中都能帶來改變及突破，而唯一能夠啟動這福音大能的，就是我們的信心。

在福音書中，被耶穌所稱讚的每一個人，都是因為他們的信心。人有信心，才能在困境中倚靠主。香港面對這疾病的危機時，我們作為神的子民該如何回應？信主的人與不信主的人會有分別嗎？如果有，我們的分別又在哪裡？永生神的教會在這環境中可以做甚麼？教會在這期間收到由聯會及機構發出的指引，幫助牧者面對這危機，但除了接收這些機構的指引外，我們更應去到主面前尋求祂的指引。永生神的教會豈能只靠別人的指引？作為神的僕人，我選擇在這時刻尋求神去帶領教會。神賜給我們的是一個剛強、仁愛及謹守的心。一方面我們按政府的吩咐去作預防，但另一方面我們的內心卻是積極的、奮勇的，把握這契機，每一步與主同行。教會的聚會不會停止、小組也照常舉行、浸禮也不會取消。

在上個禮拜的聚會，我們的人數不單沒有減少，反而增加，也不斷有人信主。每天與主同行，讓聖靈帶領每一步，與教會同工一同印證，讓教會在這時機中起來帶領社區，在這時勢中顯出神子民的信、望及愛去祝福這城市！

（第八一七期，二〇〇三年四月廿七日）

健康殘酷物語

李奕惇

beastdaniel@sinaman.com

不，這不是另一篇狠批香港醫療衛生的文章。不過說到最後，問題的核心可能不遠。

如果你有看過日本漫畫大師大友克洋的《老人Z》，就知道如果日本政府把困擾國家的人口老化問題交給超級電腦去處理——無法照顧自己的老人家就睡在床上吧，超級電腦會確保你「健康地活下去」！——結果是多麼地荒謬和可悲。香港呢？步向老化的我們，將如何「健康地活下去」？

不過，基本上你不會關注這個問題——工作忙得要死，誰還有時間注意健康？我們身處的文化就是無論如何都要承受工作的咒詛，有時間做運動可能是罪過，沒時間吃飯是正常的，隨便餬餬口、順便草嚼一下《時代論壇》就算了，因為最渴望的是可以小睡片刻。活下去已經很難，還要健康？

這也不是近年才有的情況，基本上我們的文化不允許健康，而且我們從小就連很多基本的健康常識也缺乏——其實我們小學的時候有學過，不過只是為了考試而學——結果我們在學過常識但缺乏健康的情況下仍然沒死，所以我不得不問些白癡問題：

Q1. 香港人很矮的時候就開始戒喝牛奶了嗎？

Q2. 小學生在學校小食部都買些甚麼垃圾來吃？

Q3. 香港的運動員不是垃圾，那麼沒做運動的香港人呢？

Q4. 甚麼是「得體裙美」？（請有智之士作答）

Q5. 為甚麼「法式炸條」（或稱「自由薯條」）可以風靡全港小朋友，「金 x 真靚咯」不行？

Q6. 為甚麼許多成年女性看完了《絕 x 好BRA》或《保 x 絲輕私語》，才恍然大悟（一直都用了錯誤的方法去選擇）？

很明顯地，以上的白癡問題只是滄海一粟，或是滄海一聲笑，或是滄海一白癡，並且一白癡的身邊有更多的白癡、白癡和白癡。有智之士心想：「要管治七百萬名白癡實在很不容易呀！」於是有智之士採用了「積極不干預政策」，讓白癡們只懂得一個字：$。接下來就容易得多了，基本上有智之士甚麼都不用做，只需要不時玩弄一下這個字眼，左搖右擺一下，白癡們就被唬得七上八下，魂不附體！白癡們還教導自己的子女：「踢波冇用㗎！乖乖地讀書，第日做番個有智之士啊，知唔知？」

結果，果然有一群小白癡，考進了一些名校（當然多數是教會辦的），成為了七百萬人中的有智之士，還幸運地成為了基督徒，並且，身體比較孱弱。

（普普文化站網址：www.poppop.net）

（第八一七期，二〇〇三年四月廿七日）

反省問題

※ 經歷「非典」以後，不少人對生命都有另類體會。你在此經歷下，對生命又有甚麼體會呢？

※ 聖經說：「按著定命，人人都有一死」；但死，有輕於鴻毛，有重於泰山。你作為基督徒，想在還活未死之前，幹一番怎樣的事業呢？或者，在有生之年，你會希望在其他人的心靈留下怎樣的痕跡？

※ 如果要你給上帝寫一封關於「非典」的私人信，你會寫些甚麼？

※ 「如果災難不過去」這句話，暗示了不是所有在災難裡的人都會有機會得見雨過天晴的一刻。苦難，是偶然還是常態？若果苦難是常態，那麼感恩又應該是偶然的片斷，還是「即或不然」的決斷？「非典」有沒有改變你對苦難、對感恩、對信仰的看法？

走出懸謎

死亡五分二

袁達志

yuen@christiantimes.org.hk

死亡是個謎。

教會年雖踏入復活期，已經出死入生，但我以為大家還是談死談得不夠。有些時候，我真希望受苦日和復活日可以相隔久一點，那就可以多些時間沉潛靜待。未深刻地明白死，就很難理解生的精彩和豐富。同行小組對此的反思不多，但我也不願向他們「硬銷」，所以暫時只能把感受粗略寫下來，留待日後分享。其實，這也是好的，因為這課題既深且廣，的確有再沉澱的需要。

現代社會傾向迴避和偽裝死亡，鮮有人會好好地正視和細想它。但天主教學者Peter Kreeft，卻以鋒利細緻的思考為我們把它層層剖開，讓人可以稍稍窺進這個奧祕。他把死亡分成五進：敵人、陌生人、朋友、母親和愛人。他表示死亡這五重面，代表了五種關係，其中又可劃分愛與非愛兩大類。朋友、母親和愛人屬前者；敵人、陌生人則是愛以外的選擇。

他更認為我們必須按次序逐一去認識死亡的面相，不可跳級，不然那只會形成不成熟的心境，就像未成熟的早產兒一樣，難以存活得久。他分享了一個真人真事的小故事，可以作為提醒。

一名五歲的小孩不幸夭折，他七歲的表兄問母親為甚麼再見不到表弟。這位母親沒有宗教信仰或天堂的觀念，卻看過一些鼓勵人視死亡為自然過程的書，且對此大感贊同，就對兒子說：「表弟已回到大地去了。那是大自然的循環；我們都來自大地，又會歸回大地。明年田野的花朵盛放時，你就知道你表弟的生命正滋潤（fertilize）著它們。」她暗暗自許這回應得體自然，不會令兒子對死亡過於恐懼；誰知兒子聽後，大叫而去：「我不要表弟變成肥田料（fertilizer）！」

因為敵人強大無法克勝，就壓下矛盾怨懟，被逼和對手「交朋友」，實質只是懦弱的屈從，也不可能建立真正的友情。那份強抑的憤慨、忿怒和屈辱，早晚會在剎那間爆發反彈。對比之下，那小孩的反應和反抗，比成年人更直接準確得多。

我也同意在信徒能夠以愛的角度去接近死亡之前，我們必須認識它是敵人和陌生人。但在敵人和陌生人的次序上，卻不必如此。其實Kreeft自己也表示，死亡以陌生人的面相出現，是一條岔道，乃是我們迴避死亡的結果。我們拒絕接觸死亡，它成了沒有面相的陌生人；這才是現代人認識死亡的第一個面相。知識科技為我們架起一個玻璃罩，讓我們在人造的空間中擁有一段借來的安全感和控制力。

香港人一直看似「今朝有酒今朝醉」、「不在乎天長地久」，又或一直拚搏，為自己和下一代仔細安排未來，無非是以為不理睬死亡，死亡就會遠離我們。但經濟低迷、美伊戰爭，加上無形敵人：非典型肺炎，一下子粉碎建立多年的保護盾，令人無法漠視死亡的可怕、可憎和可惡。面對無法粉飾、近在身邊的死亡威嚇，人的反應難免竭斯底里。

中世紀的人祈求「可免於突然、沒作預備的死亡」，因為他們怕未好好思想死亡甚於死亡本身。現代人卻希望「突然、沒作預備的死亡」，好讓他們根本不用去想，因為他們怕思想死亡甚於死亡本身！或者，嚐過非典型肺炎這一服如此猛烈的「清醒劑」，可以讓人警覺多一點死亡的逼近和猙獰，從而重新發掘和體認基督戰勝死亡的核心信息。

（第八一七期，二〇〇三年四月廿七日）

心戰：
一個嘗試對聖經人物的心理詮釋

張漢強 中華基督教會元朗堂天水圍分堂牧師

cheung_biblexp@yahoo.com.hk

外圍的「仗」，或者要比內心的「仗」更難打。約伯記便告訴我們，一場心戰該是如何打；仗，又如何結束。（以下章節，均來自約伯記。）

當風調雨順之時，知恩的信徒會感恩會獻祭，約伯也如是（一：5）。當苦難突然如雪片飛來時，約伯的震驚悲痛更是難以言喻。他伏在地上，思前想後，細想過去的種種：上主長久的祝福，讓自己致富、兒女成群、家庭和睦、自己人見人愛，及顯赫一時（參廿九：2-11）。那麼，上主會在此時此刻離自己而去嗎？如今一切的財富都沒有了，連至親的子女也全數失去了，還會有更差的事情嗎？

事實上，富貴如浮雲（三十：15；現代中文譯本），加上上主過去的賜福，對自己的關愛，此時此刻，祂定會使自己熬過去，自己一定可以再站起來。……或者想通了這一點，約伯於是「稱頌」起上主來（一：21）。**為此，成書的作者，附加了一註腳：約伯沒有「埋怨」（現譯）、「歸咎」（新譯本）上主。**

但不多久，約伯生病了，病苦了（二：7-8），連妻子再也不支持了(二：9)。約伯的心情，自然更苦澀了。對於沉重的苦痛沒有停下來，而且一次比一次淒涼。那麼，先前對上主的讚美，要收回嗎？以為上主要再賜福予自己，這種想法，要重新評估嗎？上主到底知不知自己的苦況？知不知道自己被人嗤笑(三十：1)、當作「笑柄」(三十：9)、遭人吐沫(三十：10)、被人追打(三十：12)？上主是否已經對自己「變心」(三十：21)呢？……約伯心裡發出的「為甚麼」，何止萬個。只是，他仍強忍著，沒有公然埋怨上主……。為此，編者附加了一個註腳，「在這一切的事上、約伯並不『以口』犯罪」(二：10)。**先前，編者還是以「並不犯罪」(一：22)來評約伯，這裡卻變成了「不以口犯罪」**，箇中對約伯的描述可謂非常有見地，夠細膩。

三友人相約前來，對約伯苦況的認同(二：11-13)，使約伯誤以為他們可以信任，可以在他們面前傾吐心中的苦澀。於是，他痛咒自己的生辰，埋怨上主讓自己出生，抱怨上主連死也不讓自己死……。可是，**真誠的哭訴卻換來友人們義正嚴詞地督責。**約伯再墮深淵，更苦。苦，但這一次不能再坐以待斃了。幾場的辯論，瞬即掀起。**只是，對方只有指摘，多於辯證；沒有聆聽，只有自我**(參卅二：15)。約伯，還要與這些「無謂人」(參卅二：15、四十二：7下、四十二：8下)辯解嗎？不需要了。**約伯要直指上主，要祂出來解答自己受苦的因由**(卅一：35-37)。只是，**上主本來就是審判者、是法官，約伯要這審判官出來作答辯者的話，這一場審判，還會**

公道、公平嗎？約伯心明此理，故直接了當地說：「我指著永活的上帝發誓，他不以公道待我」（廿七：2上；現譯）。

上主真的不公平嗎？上主終於答辯了（卅八至四十一章），但卻沒有直接答約伯的問題，但約伯亦沒有因為上主的答辯而繼續纏下去。**上主的出現，祂的說話、威嚴，已足夠震懾一個凡人約伯，讓他平靜下來，並後悔自己講過的話！**

心戰至此結束。外圍的「仗」，隨著約伯心戰的結束而結束。

非典型肺炎的仗，早晚會打完；**但我們的心戰，卻也需要靠著上主的話戰勝。**讓我們及我們的教會，**再次活得像有盼望的人**，以樂觀、積極的態度，影響我們這個城市。

（第八一七期，二〇〇三年四月廿七日）

走出疫潮恐懼

採訪：羅民威　甄敏宜　麥世賢

繼非典型肺炎已在社區爆發後，一種無形的集體恐懼症侯群原來亦已同時滲透香港。上週便有一名患咳嗽的男子，即使獲醫生證實並沒有患上非典型肺炎，但仍擔心患上，心感不安，跳樓身亡。這種恐慌的蔓延速度，及其對個人對社會的影響，可能比非典型肺炎更嚴重。

一向講求信心的基督徒，在這種處境下又能否真的靠著信仰，懷著平靜的心境安然過渡？

這段日子，人人聞肺炎色變。論憂心、論壓力，在醫院工作的前線醫護人員，其實應該是眾人之冠。不過，前線醫護人員不是人人都被這些憂心和壓力弄得惶恐不安。

當憂慮天天壓心頭

梁誌邦醫生，是沙田威爾斯親王醫院的腎科專科醫生。威院由最初發現非典型肺炎開始，他就投入緊急應變小組，日以繼夜照顧病人，追蹤病毒的源頭，試圖解開這個謎團。

梁誌邦坦言，在事情一開始的數個星期，是憂慮最大的日子。由於同一時間有太多的醫護人員、病人以至家屬受感染，大家的憂慮也很大。壓力之大，曾讓好幾名醫護人員在三月初的時候，寧可放下代通知金，立時辭職。

問到憂心和壓力的源頭，梁誌邦說其實是源於事件的不可知因素（Uncertainty）。他說，當時緊急應變小組連要對付的對手（病原體）是甚麼也不知道，但中招的同事已有人開始連呼吸也舉步維艱，根本不知是否救得到；病房內人人都要盡量保護自己，免得自己也受感染。大概過了一個月後，小組累積不少臨床經驗，病房亦有人康復出院，起碼知道病人有可能痊癒，憂慮才有所紓緩。

雖然初時有醫護人員不願承受這壓力，不過，願意面對困難的更多，請纓上陣的也不少。他們怎樣應付這巨大的壓力和深層的恐懼？梁誌邦說，醫護人員其實是一班「比較怪」的人。他們是被訓練作經常要下判斷決定的一群人，遇事時總先想及他人，不會先表達自己；而他們的訓練重同理心（Empathy）多於同情心（Sympathy），可以理性地明白對方感受，卻不易認同感受。疫症初期令醫護人員較為憂心，是因為中招的都是自己的同袍。不過梁誌邦坦言，自己只有「靜下來先識驚」；疫症爆發後他根本太忙，天天起碼十五、六小時無間斷工作，個多月來都沒有幾次可以「靜下來驚」。

你到底在怕甚麼？

香港心理學會會長李穎明認為，面對今次突如其來的非典型肺炎，人們恐懼的其中一個原因，是一般人對死亡都沒有心理準備，但其實人必然會經歷生老病死的，人們必需要去接受及時常作好準備，正如九七前香港人的心態是股市樓市不斷升，但原來這是非必然的，人的健康也是如此。

她指出面對恐懼，人必需要知自己驚些甚麼，當知道自己驚些甚麼時，便想像最差的境況去到哪個地步，並估計自己在這個境況下可以做些甚麼，可以如何應付。例如，假如自己所恐懼的，是怕因感染非典型肺炎而失去家人，那便應在現階段珍惜與家人的相處，對他們好些，以避免他日後悔沒有和他們建立良好的關係。

她認為要減低恐懼，便該提升自己的操控能力，即是去操控一些自己有能力操控的東西，而對於自己不能控制的東西便無需著意理會，讓它發生(let go)。例如去做義工替人洗地是可幫助別人對抗非典型肺炎，這是可以操控的；但如害怕感染而終日躲在家，那麼困在家裡只會不斷接收新聞報告又有多少人死亡和感染的負面消息，這會降低自己的操控能力。

她指出在這期間，平安的意念(sense of peace)是十分重要的，如失去平安，便會因恐懼而失去操控能力，而且看前景也會模糊不清，即使有一些解決辦法也會錯過了。

李穎明強調，在這個未能預知非典型肺炎何時會終止前，心理上產生恐慌是正常的，但她提醒我們，在恐慌中也要有勇氣，「亂世中要有船錨(anchor)，不致令全船翻沉。」

風浪中的船錨

無論是否基督徒，要面對恐懼，信仰力量從來都是重要的「船錨」。中國神學研究院副教授楊錫鏘認為，人之所以恐懼，是因為對一直依靠的東西失去了信心；現在面對非典型肺炎，香港人對政府失去信心，醫療、科技等都不能保障我們的健康和安全，我們過去所能憑藉的，今日都落空了。所以香港人，甚至信徒面對此一疫病感到無奈和無助，是可以理解的。

楊錫鏘表示，過往香港一帆風順，教會即或有信心的教導，但信徒一直都是頭腦上認知，並無真正的實踐，當困難來到的時候，其實也未必懂得依靠上帝。他說，現在香港信徒要克服恐懼，最重要的是要有真正的信心，「信心不用大，即使是很小很小的信心都足夠，就如聖經說，信心像芥菜種就夠了。重要的是將一直依靠的對象轉移，就是將我們過往依靠科技、依靠醫藥、依靠自己的信心轉移到上帝那裡。就算向神承認自己毫無信心，也行，只要我們轉向神(Turn to God)，已經可以了。」楊錫鏘以馬可福音第九章說明，他指出，只要我們像那個被鬼附的人的爸爸一樣的跟耶穌說：「我信，但我信不足，求主幫助。」這就是完全的依靠上帝的表現。他指現在是機會讓我們操練屬靈美德的時候，疫病逼我們向神承認自己無助。

靠禱告面對不可知

梁誌邦說，禱告的力量十分重要，因為很多事情都不是自己可以掌握，再多想也沒用。「我們一直都是這樣被教導的："To comfort, always. To heal, sometime. To cure, very occasional."幾乎對所有疾病來說，外間的醫療手段都是幫一幫病人而已。我們盡量做了可以做的部分後，就要交託上帝。」

疫症爆發以後，他才「發現」原來同部門中有一半是基督徒。平日他們連看見對方謝飯祈禱的機會也沒有，但事件令他部門的幾位基督徒同袍每天上午十一時都盡可能抽十五分鐘在辦公室一同禱告：為病臥的同袍、為醫院高層的決定、為行政部門的判斷，亦為自己的保護。

知識和經驗的累積、理智的頭腦、信心的交託、戰友的互相支持，令醫護人員在巨大壓力和潛在的恐懼下仍能繼續工作。至於要應付社區層面的集體恐懼，梁誌邦說，最重要的是針對不可知（Uncertainty），當局公佈的資料信息要清楚。「即使得了資訊後還有很多不可知，知多一點總是好些。」他以同袍的經驗為例，說他們最憂慮的時候，是等待報告求證自己有沒有感染非典型肺炎的一刻；報告一出，結果無論是好是壞，心裡都會釋然。

非典型肺炎情緒支援個案摘要

（信義會生命天使教育中心及中大社會工作學系「沉著應戰」熱線）

淘大花園隔離及張國榮自殺前：

查詢：

※何謂非典型肺炎？

※我喉嚨痛，是否患了？

擔心：

※因路經沙田新城市廣場而擔心感染

※即使所住社區或接觸網絡沒感染個案，仍會留在家不外出

※親友被隔離，自己點算好？

※無法得知親友病況

投訴：

※不滿政府政策，主要投訴學生需否上課的決策

淘大花園隔離及張國榮自殺後：

情緒問題：

※心情沉鬱、日常生活習慣及人與人之間的相處改變

※政府隔離淘大花園居民所引致的不安

張國榮效應：

※張國榮的死令人情緒低落

※羡慕張國榮可以解決了問題

※有一婚姻問題的來電者問佢乜都有都要死，咁我呢？

長期病患者：

※要覆診，不知如何取藥

註：一、由三月廿四日至四月十七日，約接獲六百六十個來電個案。

二、整體上來電者情緒仍是「尚可」，多是來電傾訴的，雖然間中有死的念頭，但多是口頭說說而已。但張國榮死的一、兩天，多了來電者表示有死的念頭。

資料由基督教香港信義會區域督導主任林兆秀提供

紓緩恐慌小祕訣

一　深呼吸，可減除身體受壓，令內心安定下來。

二　不要想太多將來的事及控制不到的事情。

三　把內心安定在此刻，因為此刻是我們所能掌握的。

四　祈禱。

五　不要孤立自己，保持社交聯絡，找朋友傾談。

資料由李穎明提供

(第八一七期，二〇〇三年四月廿七日)

SARS危機下的牧養

採訪：蔡聖龍　甄敏宜　麥世賢

一次突如其來的非典型肺炎，打亂了全港教會的陣腳——「停不停崇拜？」「不可以舉行浸禮，很易會感染！」教會面對這次非典型危機起初都有點措手不及，不過在得知疫情仍會持續一段時間後，大部分教會都陸續回復正常。

回顧教會在處理這次危機時，不少教會都因應其教會的需要而作出一些回應行動，讓教友在危機中仍能得到牧養。

香港教會更新運動總幹事胡志偉牧師初步檢視教會界在事件中的表現，坦言確有進步：不少教會都能迅速地發出聚會指引，並籌辦祈禱會表達關心，而「教會關懷香港抗炎聯合行動」在倉促間籌備的活動，亦在短短兩三日內得到超過五十間堂會響應。

在這次事件中，互聯網可謂發揮前所未有的效用，大部分教會均透過教會網頁發放教會的最新消息、應變危機指引、家庭崇拜資料、取消或回復聚會等資訊；更有大型教會在崇拜時把過程即時以互聯網傳送影像作網上崇拜，讓在家中的教友也能同時參與，同心敬拜。

在團契方面，不少導師都在暫停聚會時主動出擊，相約團友個別傾談，或以電話、ICQ及電郵聯繫，使導師及團友之間的友情比前更深入。

不過在今次事件中，有教會為減少人際接觸，在崇拜奉獻時棄用傳奉獻袋的形式而用奉獻箱，結果導致奉獻下跌。

「沙士」與「九七」

「看得見」的聚會受到影響，胡志偉直言是教會現時面對的最大問題，因為教會即使照常舉行聚會，不少會友亦因健康考慮而缺席。他回憶起九七年前，當時教牧都擔心九七後會被打壓，因此提出「化整為零」的牧養概念，但回歸後教會並無受到干擾，因此運作如常：「想不到現在要重提『化整為零』的牧養概念！」

胡志偉指一間健康的教會，在壓力下應該仍有生命的機動性，因為教會不是學校，不是發出了「指引」保障學生安全便當完成任務：「難道只有開佈道會時才能傳福音？」胡志偉深信，在人心不安、客觀環境惡劣、正常聚會受影響的時候，教會如能繼續傳福音、做見證，便正正反映出該教會的質素。

以個別教會為例，基督教銘恩堂在面對這次疫症，除第一時間發出指引外，亦停止了兒童及少年崇拜和部分團契聚會，但成人崇拜則一直維持舉行。該堂主任牧師梁永善指出，在停止聚會之餘，他每週都不斷撰寫文章上載於教會網頁上牧養教友，又把每週講道的錄音檔案上載網上讓教友收聽，並會郵寄崇拜講章、程序表及慰問卡予沒返教會的教友。

中華基督教會深愛堂主任徐珍妮牧師早在三月廿三日便察覺非典型肺炎之嚴重，認為教會需要立刻採取行動，在兩三天內便印製好指引以通知會友教會的安排。她認為面對危機，反應一定要快。

教友質疑處理手法

徐珍妮表示由於禮堂空氣流通，因此沒有停止聚會，「其實也有會友投訴，質疑我們憑甚麼去決定不需要停止聚會，若出了亂子誰人負責任。」她坦言並沒有任何做法是百分百好或不好，也沒法子取得所有人的支持，只能夠按常理(Common Sense)去判斷，例如要求派聖餐的事奉人員戴口罩戴手套，兒童事工要全面暫停等等，每項措施都由領導層決定。

由於學校停課，不少銘恩堂的青少年教友便走到教會打發時間，教會見狀，便靈機一觸為他們組成一個臨時查經班，後來又連同不用上班的中年教友，組成一個十人的街頭佈道隊。梁永善説，該堂過往從沒作過街頭佈道事工，但在一連四次的出隊經驗中，竟能成功向卅六人完整地講了一次福音，更感恩的是有十七人信主，這對佈道隊來説更是一次很大的激勵。

此外，梁永善又爭取機會加強禱告的服侍，例如曾三次在崇拜後邀請信徒留下祈禱，結果大部分教友都留下來。在教主日學時，他又在原本兩小時的教學時間中，抽出半小時來為非典型事件禱告，「這會使教友增加凝聚力，禱告時也會對教友的信仰有所幫助……要把握這次時機，讓香港的教會復興！」此外，他又找來大量問候卡讓教友寫上慰問字句，藉此送給任職醫護界或在高危地方工作的教友等。

梁永善說，在這段期間，他亦經常出入醫院探望感染了非典型肺炎的教友及其直系親屬。他說教會就是一個家庭，家人有病是不能不探的。在探病之餘，他又用了很多時間以電話關顧沒返教會的教友，甚至相約一些擔心感染別人而自我隔離不敢返教會的信徒，藉傾談來牧養他們。

深愛堂在疫潮爆發後並沒有很大轉變，聚會人數只下跌了一成，而牧養也沒有出現很大的問題，教會也不需要提供額外的資源去牧養會眾，徐珍妮解釋：「深愛堂的會友一向不太依賴教會，懂得自己親近上帝。」

疫潮令信徒反思教會生活

其實疫潮對教會的影響可能好多於壞，以深愛堂為例，徐珍妮說因為避炎而取消了很多會議，反而令信徒有更多機會溝通和相交。她說是次疫潮之後肯定會令深愛堂的運作模式改變一下，信徒也可藉此機會反思自己需要一種怎麼樣的教會生活。

上述兩間教會的崇拜都沒有停止，但新界北區一間教會則早於三月三十日便暫停了崇拜，堂主任表示這是考慮到教會崇拜需借用所在學校的禮堂，當時校方已取消了所有在禮堂舉行的學生集會，假如學生禁用禮堂而教會卻仍舊使用便顯得有點不妥，加上威爾斯親王醫院的疫情相當嚴重，而他們有眾多年老會友，為保障會友健康及觀望疫情發展，因此決定暫停崇拜。

在突發事件中所作的每個決定，難免引來討論。堂主任坦言所屬的宗派總會得知有關消息後亦表示關注，因為總會的立場是不建議暫停崇拜。「在事件中，彼此的溝通及體諒十分重要！」他指總會方面並沒有以「規章」為由強制他們恢復崇拜，且樂意聆聽他們暫停崇拜的原因，但考慮到疫情會持續一段不短的時間，因此亦作出了「盡量唔好停」之鼓勵。後來該堂亦召開臨時執事會，在採取相應措施後決定恢復崇拜。

危機可考驗教會

香港教會更新運動總幹事胡志偉牧師指出，非典型肺炎事件正是一個考驗教會是否「真正教會」的時機。

「有聚會便有牧養，沒有聚會便沒有牧養？」胡志偉指教會第一方面可檢討的就是對會友的牧養模式：如果牧養隨著聚會暫停而中斷，「church」(教會)便變相只等如「meeting」(開會)或「gathering」(聚會)。胡志偉相信，在正常聚會受影響的情況下，其實有更多牧養契機，例如教牧可作個別電話慰問、弟兄姊妹間亦可更主動地互相關顧。

第二方面，胡志偉指教會的聯絡機制亦在考驗之列，因為正常聚會取消了，各項消息便需要另有途徑向會友清晰、準確地發佈，不然會友便可能連聚會何時停止、何時恢復也不得而知。

第三方面則是考驗教會內部的互信與支持。以是否暫停崇拜或聚會為例，胡志偉坦言無論暫停與否，也有值得商榷之處，所以當教牧作了決定之後，其他長執和會友是否信任、支持？會否引起不必要的爭拗？如何令信徒安心？這便是對教會領導層的考驗。

（第八一八期，二〇〇三年五月四日）

活在疫症中

胡志偉 香港教會更新運動總幹事

SARS蔓延，本港及全球皆深受影響，從現時情況看來，非典型肺炎病毒不會於短期內消失，我們唯有活在其陰影之中。除了加強衛生意識之外，我們一方面做好防禦控制措施，另一方面教牧與信徒要克勝非理性的惶恐，更積極地在社會中作見證。

William H. McNeill著作《瘟疫與人》(台北：天下文化出版公司，一九九八年)再次提醒世人，人類的歷史正是不斷與傳染力極強的病毒作戰。歷史上出現的瘟疫固然可怕，但我們仍可從過往的歷史中學習功課，以信心、愛心與理性勝過災難。

醫學與科技的進步，使現代人不自覺產生迷思：死亡是遙不可及的及非典型的，正常人是健康和長壽。Ernest Becker的著作《拒斥死亡》，相反地從心理分析角度指出，正面思考死亡，卻能成為人類各種活動的主要動力。

基督徒肯定死亡是真實與必然的，我們理解死亡不是生命的核心，反是勝過死亡的信心。祈克果的論述，有值得我們反思之處：自亞當與夏娃被逐伊甸園之後，人就產生「畏懼」或「焦慮」；當個體在孤獨的沉思中面對此無望的困境，就在此際，正是「信心跳躍」

的一刻。

一八五四年祈克果在其日記這樣寫：「一個人不到變得非常不幸，或者說，不到能深深領悟到生活的悲哀而感慨萬端地說：生活對我真是毫無價值的時候，他是不會企圖得到基督教的。而只有這個時候，他的生活才獲得極高的價值。」

祈克果看人最高的激情就是信心，歷史上當羅馬帝國爆發瘟疫的日子，McNeill讚揚初期教會的基督徒，留守在疫區照顧病人，即使提供簡單的食物與飲水，他們這份視死如歸的服侍病人心志，有助基督福音的傳播。余達心回顧初期教會事奉的榜樣，引述二六三年亞歷山大爆發瘟疫的感人史實：「……一場瘟疫緊隨戰爭而來。……我們大多數的弟兄表現了極度的仁愛。他們互相扶持，勇敢無懼地去探望病者，不斷地照顧他們，在基督裡服事他們。他們甘心染上鄰舍的疫病，受他們所受的痛苦。不少弟兄在照顧病者時得病死去。……我們當中不少最優秀的弟兄，包括一些長老、執事及備受尊敬的人便是如此捨生的」(《事奉的人生》，第二七一頁)。

正是在此危亂之中，考驗我們的信仰只是「宣講」，或是以「行動」配合？面對此場災難，我們不能單憑政府力量就可應付，更要動員民間一切力量，共同應付挑戰。民政事務局倡導「全城清洗抗災行動」，將於四月十九至二十日復活假期舉行，堂會可動員信眾響應有關呼籲，在堂會所在社區或樓宇作出清洗行動，表達愛心見證。這是其一可做的，還有更多的事等待我們同心作出實質

的愛心行動 ！

（轉載自香港教會更新運動網站）

（論壇網站時代講場，二〇〇三年四月十四日）

教會在肺炎事件中退縮？

回應：**李耀全** 建道神學院教授

ct_yclee@hotmail.com

李牧師：

你好，近日非典型肺炎的侵襲，政府和市民都飽受困擾，真要求神憐憫。

眼見福音派教會在這事上手足無措，除了教導會友一些基本衛生常識及安排崇拜時的衛生秩序外，最多都是發起一些祈禱會等，感覺就像雅各書所說：「你平平安安的去罷，願你穿得暖吃得飽。」更令人感慨的，是一些教會還停了崇拜，而本人的教會也停了所有助導會及團契。主不是教訓我們在末世的日子及災難時更要警醒緊守嗎？這樣做合乎聖經嗎？

過往十多二十年，香港人都過著富裕的生活，教會、傳道、會友嬌生慣養，在安穩的日子隨時高談闊論，高舉主基督。相反在考驗臨到了，就抱頭鼠竄，平日大談委身，今日個個惜身，豈不知世界的危機正是教會的契機嗎？教會不趁機站出來負起時代先知的重責，還等待何時呢？

Peter

Peter：您好！

謝謝您的來信，亦欣賞您提醒基督徒在非典型肺炎蔓延香港的危機中可以多「站出來負起時代先知的重責」。能在這非常時期多為主作有效的見證人故然是一件美事，但在採取行動上我們實在要有愛心，也要有智慧。

您的勸喻來得非常及時，我亦明白您的感受——不願作一個惜身自保、袖手旁觀、有言無實的基督徒，但是我卻不完全認同您對現時教會所作出的回應措施之評語。據我所知，教會現時響應官方的指引，做足各樣的預防措施防備受病毒感染或傳染，都是正確的。至於這些措施(例如要赴會的人帶備口罩、頻密洗手、取消非主要的聚會等)是否過敏或是否有效卻見仁見智。但避免肺炎擴散卻是人人有責，寧願在此事上錯在過分小心(當然不是恐慌性地執行)，也不願錯在疏忽。

若這些預防的措施都是與社會其他人同步進行、共同努力杜絕病魔，那麼就不該受雅各書所言的感到不安。因為這些措施都是為人為己，與公共的利益有關。

至於香港教會的信徒是否嬌生慣養，高談闊論而在考驗臨頭便無影無蹤，我並不敢下這判斷。有這樣的基督徒當然是不足為奇，但我相信大多數的基督徒若有好的教導和指引，是願意負起基督徒在世的使命和責任的。

其實這正正是今日眾教會合力以行動作出回應的好機會，而事實上，除了祈禱運動之外，各教會組織已有所行動，例如有機構設立熱線為有需要人士疏導情緒及作出靈性關顧；亦有機構網站製作肺炎特輯，也有機構計劃送出十萬個口罩給基層有需要人士。

除以上基督徒專業人士及聖工人員的服務之外，我個人亦認為教會及信徒在作預防性措施之餘，還可多作一些愛心的行動。教會不該像個半關閉的醫院，相反該成為一個像舊約聖所般的避難所，在嚴謹的預防措施下開放給大眾和會友，提供守望代禱和支援協助，為醫務人員代禱，多鼓勵「放假」的青年人參與「抗炎行動」的義工行列，讓眾人從基督徒的行動中看見耶穌。信徒可以多用電話、電郵彼此問安守望。

非典型肺炎的蔓延是可怕的，但更可怕的是恐慌的蔓延。香港人正在面對香港是否成為疫埠而充滿焦躁不安。基督徒首先要自己有指望，然後與別人分享這指望。「只要心裡尊基督為聖，以他為主；常常作好準備，去回答那些問你們為甚麼懷有盼望的人」（彼前三：15；新譯本）。

主僕

李耀全

（第八一六期，二〇〇三年四月二十日）

翁靜淳——同甘共苦你共我

採訪：甄敏宜

中國基督徒傳道會中基堂的牛頭角成長坊於四月十七日至五月卅一日，發起一個名為「同甘共苦我共你」——牛頭角下邨十三至十四座長者特別關顧計劃，計劃內容主要在這四十五天內，為這兩座的長者每逢二、四、六送上湯水，一、三、五及日送上生果，另每天亦會提供一個外科手術用口罩、替有需要的長者清洗住戶等。計劃亦希望能在每層走廊放置風扇以作通風之用，另亦會聯絡一些醫生在邨內成立一個臨時醫務所，替長者探熱及作簡單身體檢查。

該堂牧師兼「同甘共苦我共你」計劃總幹事翁靜淳指出，這計劃的緣起，是因為他感到政府在整個抗炎過程中都只在做騷，而且極不尊重生命，「只當人是一堆數字，不是生命！」他認為政府如能想深一層，把人當作生命來看待，站在受眾角度來處事，所做出來的工夫便會截然不同。本身位於牛頭角下邨十三座的牛頭角成長坊在這裡已有三十多個年頭，翁靜淳感到教會要作點實際的關懷行動，「我們教會在此，是與這區的人在一起，今次我們也要與他們一同面對。」於是，他在兩星期內火速制定了一份十八頁的計劃書，內容之周詳及仔細是教圈相類行動中較為罕見及難得的。翁靜淳表示，計劃的宗旨是預防勝於治療，「政府用了很多錢去治療病人，但這病的情況卻仍未能完全掌握，因此他希望針對人的日常生活、支援及鼓勵作服事。」

他指出，為了聯絡生果商，他曾凌晨二時多跑到果欄，向果欄的人講述這項計劃的意義；為了買個大煲來煲湯，翁靜淳又走到夜冷店處搜購，又趁這機會向老闆分享他們這事工，結果老闆只以三百元的價錢便把一個可煲五百碗湯的大煲賣給翁靜淳。這還不止，後來當翁靜淳再到這夜冷店搜購所需的物資時，老闆竟不收他錢，著他隨意拿去用。

他坦言這次行動是會有機會感染「沙士」的，因此每位義工及同工在參與行動前都簽了一份聲明，表示知道會有此危機。不過他表示，現在不是怕的時候，而是善用我們的空間及時間的時候，「如要感染，坐在家中也有機會感染。怕受感染只會引致彼此排斥、彼此否定、彼此孤立。」

他認為教會應藉這事對信仰應有更深的反省，不要只是高言大志的去講一些空洞的說話，而是要一起面對，一起行動。

（節錄自甄敏宜、麥世賢、蔡聖龍採訪：〈抗炎新路向　災後齊重建〉，第八一九期，二〇〇三年五月四日）

危機中的牧養

蘇穎智 播道會恩福堂主任牧師

在筆者過去逾二十多年的牧會經歷中，從未試過好像過去個多月來那麼緊張、擔心、無奈；一方面知道很多東西需要做，但卻不容許我去做；另一方面又知道莊稼熟到透，但卻不敢去到那些內心已開放的人中去傳講福音。

在非典型肺炎的影響下，牧養著逾四千會眾，特別是當中包括逾一百八十名醫護人員的教會，有關當局並無指引，我們只能參考一些醫生的意見，在最短時間內，要作出各種緊急預防決定及行動，又在最短時間內，回應會眾寄來，有關非典型肺炎在威院爆發的原因之神學反省。

感謝神的恩典，筆者本來在這段期間會有三個星期不在港，四月初要北方培訓，五月中澳紐中信成立十週年培靈佈道，另澳洲播道會有聯合夏令會，六月家庭更新會有家庭營在西岸舉行。但三月十一日疫症爆發，幾位任職顧問醫生、教微生物學及傳染病之教授先後來電提醒我在教會要小心防範疫症在教會爆發，我知道疫情嚴重，經過禱告，在十一日下午，決定取消北上之行，再過二星期，取消澳紐之行及美國之行，留港應付肺炎之衝擊。

回應會眾關注的神學問題

早於三月十七日，會眾中已有人引述一位姓陳的講者之言論，說疫症是神的審判，原因是何志平局長身為基督徒，竟到車公廟求籤。她解釋：

一、疫害臨到醫護人員，因何志平局長是醫生，神要醫護人員知道他們的知識及訓練亦無能為力。

二、疫症蔓延於沙田區，因車公廟是在沙田。

筆者見電郵已到處傳開，事態嚴重，若不早些本著聖經加以澄清，很可能會令一些人跌倒，所以在三月廿一日出了一封家書，反駁上述言論。筆者的理由是：

一、若疫症是神對何先生之審判，為何何先生沒有染病，反而其他無辜者染病，難道神要別人承擔何先生的罪？按利廿六：21；民十一：33；十四：37等所載，nēga及makkah（二希伯來字皆可翻為「瘟疫」或「疫症」）若是神的審判，它必然會臨到作惡者而不是無辜者。報惡信的十探子有疫病至死，但迦勒及約書亞則免災。明顯，香港的SARS不可被視為神的審判。

二、早於去年十一月中，廣州已爆發SARS，導致全城恐慌，掀起「煲醋」熱潮，傳聞甚至有醫院因有三十位醫生「中招」死亡而導致關閉。這事遠較何局長求籤為早，可見SARS與何局長求籤並無因果關係。

三、疫區不限於沙田，淘大花園才是重災區，這又如何解釋？

四、冒死救病人之醫護人員感染疫病不獨不是審判，而是基督捨己救人之具體表現，深信神對他們會特別嘉許。公義、慈愛的神絕不可能懲罰這樣的基督跟從者！

然而，SARS在港及世界各地的爆發，蔓延卻是與人的自我、人的罪息息相關的。首先，若廣東省及內地政府早些將這病的嚴重性、疫情真相早些公佈，與世衛組織早些合作抗SARS，筆者相信這疫症絕不會發展得如此迅速，遺害如此厲害。隱瞞疫情，看經濟較人命更重要，只顧自己罔顧他人，是人最嚴重的罪。

其次，特區政府一開始便掉以輕心，疏於防範，甚至威院危機出現，仍未有及時果斷、徹底的防範措施，導致多間醫院重蹈覆轍，三百以上醫護人員「中招」，疫症且在社區擴散。

第三，市民的自私心態，罔顧別人，也是將病毒傳開的主因。屯門醫院護士劉永佳及謝婉雯醫生之所以「中招」，是因有淘大E座居民違抗隔離去了屯門，又沒告訴人自己住址，發病時二人為他作檢查時一起「中招」。

第四，裝備不足，疏於防範，沒有將所有病人視作SARS病人般去檢查及處理，以致造成「中招」機會。

即時教導弟兄姊妹預防措施

三月十八日，同工會即時做了一些緊急決定，嚴防SARS在教會出現及蔓延，這些決定是經過與一些醫生商量過，認為是必要亦可行的，一連串措施包括：

一、請一位較高級的顧問醫生，亦是有這方面認識者在六堂崇拜聚會中教導弟兄姊妹認識SARS，其傳播方法，及預防方法等。

二、出通告教導有關SARS之預防措施。

三、即時停止所有嬰孩、兒童及長青之活動，勸家長勿帶小朋友返教會，免受感染。

四、即時停主日學及團契聚會，免任何親密接觸機會成為傳疫機會。但我們鼓勵團契小組以禱伴形式繼續運作。

五、有關成人崇拜方面，一些醫生亦勸我們停止。但要停多久？這位弟兄說：「很難預計，但至少要半年！」我們都覺得這是不可能考慮的，所以我們繼續有崇拜，但要求所有參加聚會者都佩戴口罩（教會有供應）。

六、從三月廿八日開始，我們停止了四次團契聚會，但四月廿二日開始再度恢復，但盡量以小組形式進行，並盡量限制聚會時間在一小時至九十分鐘內完成。

七、從四月六日開始，教會開始實施健康申報，所有發燒、感冒、曾接觸或懷疑接觸過SARS病人者，我們都鼓勵他們暫時不要返崇拜。待過了十天，完全好轉，無不舒服感覺後才重返教會。

八、從三月廿三日開始，暫停長青團所有探訪，教牧同工暫停到醫院探訪。

九、從四月開始，以小組形式舉行主餐。傳道人會先在組長會中示範及訓練組長。

即時支援受影響之會眾

這些會眾包括醫護人員、有小孩在家之會眾、醫護人員之家屬、身體不適者及有接觸或懷疑有接觸SARS

病人者。為了讓他們在家亦有親近神的機會，我們從四月六日開始舉行直播崇拜聚會之創舉，弟兄姊妹可透過上網，即時可看到、聽到六堂崇拜之進行情形。

第一方面，教會亦積極參與烏溪沙YMCA之戶外崇拜，盼能給予醫護人員更多打氣及支援。

第二方面，每主日下午二時至三時，有特別禱告會，附設直播及接聽醫護人員的來電，直接請他們分享其需要，使我們更曉得如何為他們禱告。

第三方面，在直播的禱告會中，有醫護人員之小組弟兄姊妹會輪流用不同方法表達對醫護人員之支持及鼓勵。

第四方面，教會有弟兄姊妹奉獻出特別心意給醫護人員，帶上神的祝福！

對經濟受影響之家庭的支援

因SARS爆發，無數行業受影響，四月十八日同工會及四月九日執事會通過了對經濟有困難之家庭的緊急支援。

一、低收入之家庭可申請超級市場之購物券，每家庭一千元。

二、因SARS影響，被辭退或放無薪假期以致生活困難者亦可向教會申請慈惠金。

去信董特首表達醫護人員及市民心聲，共同對抗疫症

筆者先後在四月十及廿八日兩度去信董特首，懇請

政府向SARS病房之所有醫護人員及工友發放特別津貼、派AQ、EQ較強之領袖註院鼓勵士氣，工作兩個月者可放二星期假給他們休息機會，替他們安裝視像電話與家人溝通(不少公司願捐這些器材)，即急聘更多醫生、護士應付需要，盡快設傳染病醫院專門照顧SARS病人，嚴格執行dirty room醫護人員之隔離措施，強制所有公司、學校等健康申報等等。

講壇合宜、合時、正面的信息

我們認定，危機可以成為我們的契機與轉機，疫境可變逆境，但靠著主我們亦可經歷逆境。除了筆者的信息外，所有同工均即時錄影了一些信息上網，使弟兄姊妹可隨時看到及聽到他們牧者的勉勵。

會眾迴響

當我們要求所有會眾戴口罩出席崇拜及各種聚會時，曾有人抗拒，被招待要求離開而感不快，但經傳道同工好言解釋，為己為人，共同做好自己抗疫，他們也願順服，兩星期後全部人均習慣了！當我們要求會眾作健康申報時，亦有人很抗拒，傳道同工加以解釋，是遵醫務衛生專家吩咐而行，免得疫症在恩福爆發及蔓延，否則香港醫院也容不下那麼多人，我們懇請他們諒解及合作。其實，若政府早些公佈各項措施，教會執行便很輕而易舉，可惜，政府比教會還慢了個多星期，甚至申報制度還未實施，教會執行上難度更大。

然而，感謝主，時間證明了我們所作的完全正確，學校、海關、機場等陸續做我們所做的。另一方面，我們的直播不獨使本堂弟兄姊妹受惠，醫務人員的同事亦可得益(我們直播不是公開給所有人的，因容量有限)。禱告會，同工們的錄影信息，醫護人員在禱告會中直接來電訴心聲給予我們無限鼓舞。醫護人員中，不少主動為病人禱告，向病人傳福音，亦有醫生主動為同事開查經，得到很好的回應。因SARS的恐懼而對福音有興趣者最近也增加了，以致在電話中，我亦帶了三位朋友信主，另有兩位在個人談道中信了主。福音性研經最近亦多了不少新人。在三福佈道重開以後，筆者肯定相信，決志的人更會大幅增加！

明顯，在人看來是危機，但神卻將它轉變成我們的良機，是傳福音及建立門徒去經歷神的良機！筆者常與會眾分享，危機變契機之祕訣，是不要問：「為甚麼？」乃要問：「主要我學習的功課是甚麼？」「主給我的使命是甚麼？」但願弟兄姊妹都經歷到神這種變相的祝福！

雅各書一：1-4「作神和主耶穌基督僕人的雅各請散住十二個支派之人的安。我的弟兄們，你們落在百般試煉中，都要以為大喜樂；因為知道你們的信心經過試驗，就生忍耐。但忍耐也當成功，使你們成全、完備，毫無缺欠。」SARS的爆發，實是信徒信仰的試金石，平時只倚賴有形聚會維持宗教生活者肯定會變得信心軟弱甚至跌倒，視信仰為生活方式者則會看到很多機會去經歷神。在此期間，有醫生弟兄主動在醫院開始了查經聚會，平時無興趣的同事亦來參加；有弟兄姊妹放膽向SARS病人傳福音；有些小組從未間斷；有弟兄姊妹奉獻了合宜、合時的禮物（包括消毒藥水、蒜丸、健康茶包等）送給醫護人員；弟兄姊妹聚會完後自動自覺為椅桌消毒；普遍小組的電話聯絡較前更多。教會因醫務人員眾多，且停了兒童聚會，整體人數跌了約三成，他們都收看網上崇拜，但奉獻卻沒減少。不過，不能回來的弟兄姊妹都覺得急不及待要返教會一起敬拜相交，一起事奉。我們深信主有能力即時停止疫症，就如祂喝平風浪一樣。但願祂要我們學的功課，我們已學通了，祂給我們的使命也行出了，使試煉告一段落！

（第八二〇期，二〇〇三年五月十八日）

我渴了

龔立人　香港中文大學崇基學院神學組副教授

基督徒的情意結

面對天災，我們總傾向尋求箇中的理，盼望從中可以化險為夷。就著非典型肺炎一事，有些人(包括基督徒與非基督徒)認為是因我們的罪所致，因此，最恰當的回應是自潔和認罪、謙卑和悔改。某層面上，這解釋是可接受的，因為確實是我們的疏忽導致疾病的蔓延。然而，我對這樣的解釋仍有保留，不但因為質疑罪與疾病是否一定有關聯，更因為質疑人的罪是否有如此大的能力，可以完全破壞上主的創造。我的人生際遇拒絕讓我看今日的遭遇是一個果；相反，我選擇看今日為因。當不選擇以果來看今日的遭遇，我就不需作出種種的因來解釋當下的果，反而因所發生的事是因，我盼望著，並努力塑造不同的果。這也是約翰福音第九章有關耶穌醫治瞎子的態度，耶穌說：「不是這人犯了罪，也不是他父母犯罪，是要在他身上顯出上主的作為。」因這樣的相信，我肯定上主的恩典勝於人的罪。縱使人的罪有很大的破壞性，但人的罪絕不能破壞上主的恩典。因此，我選擇傾向倚重上主的恩典多於相信自己的自潔與認罪就可以改變世界。

另一方面，有些牧者認為這是一場屬靈戰爭，因為撒但利用假宗教為港人祈福。因此，他們呼籲信徒們務要竭力禱告，勝過這場爭戰。雖然他們沒有説出誰是假宗教，但他們應該是指基督信仰以外的宗教吧！對於這看法，我並不全然反對，因為確實有人以宗教為名進行斂財，並妖言惑眾(基督徒團體也可能是其中一分子)。然而，是否一切基督信仰以外的宗教都是假宗教？在此，我無意進入另一場辯論，但我只想提出一個很簡單的邏輯。當全城呼籲全港市民手挽手共抗肺炎，又呼籲各人放下自己的利益為醫療人員和受感染者做一點事時，為何我們基督徒不可以放下對其他宗教的看法，與不同宗教人士為香港、為受感染者做一點事？為何我們仍沿用舊約那種對立的宗教態度來看待今日宗教的關係呢？或許，我以上的邏輯正墮入撒但的詭計中，因為撒但以人道主義使我們對真偽宗教缺乏辨識能力。若真的話，撒但又不是如此的壞，因為它出於壞心腸，卻做了好事。説回來，我的不服氣是因宗教以外的人士可以手挽手，但宗教人士卻不可以。

奉獻精神被利用了

前線醫護人員的毅力和無私精神確實感動了全城。尤其是，當有醫護人員主動選擇照顧患上非典型肺炎病人時，全城為他們的專業與犧牲致敬。頓時間，犧牲成為專業團體一個很重要的標誌，但令人擔心的是，當犧牲不再是個人自發的表現時，犧牲就淪為一種壓迫人的意識形態。因為不選擇犧牲者就被批評為軟弱的表現，甚至不配成為這專業團體的成員。

或許，我的憂慮是多餘的。因為別人的犧牲精神只會推動我們的自省，而絕不會構成一種暴力。讓我分享一個經驗吧！當政府宣佈四月十九至二十日為全港清潔日時，不同的社會福利機構鼎力支持，甚至要求其員工(社會工作者)帶領義工幫助有需要者清潔。然而，有一些社工對此安排並不認同。原因可能只是他們怕受感染。但他們的不認同反被主管批評為不專業，甚至要求他們以書面解釋為何不參與這場清潔運動。當然，協助有需要者清潔是美好的，但當這行動是要滿足犧牲的意識形態時，一切協助別人清潔的善行已沒有意義了。

犧牲精神是高尚的，但當成為一種非自願和不自願的行為時，犧牲只不過是滿足一種政治意識形態。是否我們不需提倡犧牲精神？不是，而是我們要額外小心這容易成為一種暴力。犧牲精神不從強迫而來，而是從接觸生命產生。以下，讓我們進入耶穌基督的苦難中，感受自己生命被呼喚。

「我渴了」——參與耶穌的苦難

「我渴了」是耶穌基督在十字架上其中一句話。約翰解釋耶穌這話為應驗經上所說。大多數聖經學者認為經上是指詩六十九：21。詩六十九不是一篇預言彌賽亞的詩篇。它描述一位因上主緣故而被人辱罵和厭棄的人向上主呼求，並確信上主必會將他拯救。從此看來，「我渴了」中的應驗是要表達耶穌的無辜和釘他在十字架的人之無理，並上主對他救贖的應許。雖然死了，上主必不使無辜者的血白流。除「我渴了」外，約翰描述當時的人將蘸滿了醋的海絨綁在牛膝草上送給耶穌喝。按「應驗經上所說」的邏輯，這行動與出十二：22有關。牛膝草代表逾越節所用的工具，將那被牽殺羊羔的血打在門楣上，讓住在屋裡面的人可以避過被擊殺。耶穌基督就是那羊羔，承擔了人類一切罪所帶來的懲罰。

以上對「我渴了」和牛膝草的理解，讓我們體會耶穌基督的死絕不是一個普通人的死，而是上主兒子之死，以致十字架成為我們救贖的記號。此外，耶穌的死不是一個結果，因為上主的救贖要在祂身上彰顯。當集中注視耶穌基督十字架的救贖意義時，我們可能淡化了耶穌基督被釘在十字架上最基本的意義。就是他承受酷刑帶來身體的痛苦。當「我渴了」是要應驗經上的話多於真實地描述耶穌當下受苦的狀態時，我們可能忽略了口渴的耶穌。又當給耶穌醋喝是要應驗經上的話時（侮辱他的行為），一個可能是美善的行為也否定了。例如，可十五：36「有一個人跑去，把海絨蘸滿了醋，綁在葦子上，送給他喝，說：『且等著，看以利亞來不來把他取下。』」「我渴了」不只是一件工具來滿足預言的需要，更是痛苦的耶穌所發出真實的呼喊。

耶穌說：「我渴了。」對一個被釘在十字架上數小時的人來說，口渴是他當下最真實的感覺，也是在死亡邊緣下，身體很自然的反應。他不會覺得飢餓，只覺得口渴。有能力説出自己口渴的人已很難得，因為很多人在這樣痛苦的處境下差不多已昏睡了。還記得當內子彌留之際時，她的嘴唇變得特別乾。這是生理的變化。照顧她的人要做就是保持她的嘴唇濕潤，防止乾裂，也要給她小量清水，保持口腔濕潤。她沒有要求給她水喝，但一點水卻是她最需要。耶穌説：「我渴了」。給他醋，不給他水，不是一種戲弄，而是因醋本身有一種麻醉的作用(留意這醋不是今日所指的醋)，減輕痛苦。「我渴了」是一個無助者的呼喊，他所要不是説話，更不是解釋，而是一點的水。這是我們應可以做得到的回應。

「我渴了」——苦難中的連繫

「我渴了」將我們帶入一個悲痛的世界裡。雖然耶穌沒有指明道姓向誰説「我渴了」，但我們卻不能假裝聽不到他的聲音。原來，沒有對象的「我渴了」更觸動我們的心靈。這觸動不僅對基督徒才有意義，更對任何一個生命也是一樣。因為沒有生命可以不被一個在傷痛中的生命所觸動。一位懷孕的母親因受非典型肺炎感炎，只有二十多週的孩子就要剖腹生產。報道説這母親的肺功能已有八成損壞。作丈夫的只可隔著玻璃望著她的太太，作母親卻要與剛出世的孩子分離。這情景使我們眾人流下淚來。這素未謀面的母親成為我們最親切的姊妹，這位傷痛欲絕的丈夫成為我們最想擁抱的弟兄。

又有家人在沒有機會向自己心愛的人説聲道別，

在隔離下孤單地離世了。我們禁不住自己的淚水，也沒有能力祈禱。在他們的傷痛中，我們感受到生命與生命的結連，昔日人與人的陌生與距離在患難中不再存在了。「我渴了」不是一個道德要求，而是一個赤裸裸生命的展現。我們被喚醒，因為苦難者的傷痛也成為我們的傷痛。

給口渴的人一點醋並不一定可以改變他的命運，但不能就此任由他可以沒有被擁抱下獨自受苦。苦難可以令生活變得無奈，卻不可能將世界變得無情。「我渴了」就是要將人心喚醒，決不讓痛苦者無聲無色地溜走。送一隻橙、寫一張慰問字條、摺一顆願望星不會使受感染人士神奇地康復，但這些行動就是不讓受痛苦的人被遺忘。我們聽到你們喊著「我渴了」，我們也要幫助沒有力量呼喊「我渴了」的人喊出來。事實上，有護理學系的同學主動幫助病者與其家人聯絡、有退役的醫務人員主動再投入醫院工作、有信徒為他們懇切禱告。這一切行動就是不要讓痛苦者的聲音消失。

若「我渴了」將我們帶進入耶穌與別人的苦難中，它也將我們帶進入自己生命的深處。其實，耶穌的「我渴了」何嘗又不是我的「我渴了」！「我渴了」是因為在如此低迷的經濟下，再加上非典型肺炎，我擔心會否失業。「我渴了」是因受感染數字的上升，我擔心會否受感染而趕不及對親朋說多謝。「我渴了」是因我正渴望著能與受隔離或受感染的人擁抱。「我渴了」是一種無助、一種無能與一種無望。有誰可以給我水喝，減輕我當下的傷痛？

「我渴了」是將自己的需要表達出來。然而，今日有很多的人並沒有勇氣說出自己的需要或接受別人的幫助，因為這被視為一種軟弱的代表。另一方面，社會卻有很多人很懂得直接表達他們的需要，因為他們認為這是他們的權利，不說出自己的需要就是傻瓜。這兩種人都將「我渴了」扭曲了。「我渴了」不是羞愧，也不是權利。若認為尋求或接受別人幫助是打擾對方時，這暗示別人也不要找你幫助，因為這是打擾你。在此，讓我們學習彼此服侍和代禱。又若認為「我渴了」比其他人的「我渴了」更急切時，一種只顧自己安危的自私心態就萌生。這反映在早前賣口罩一事上。因自己的需要，有人可以買上一至兩個月用的口罩數量，以致其餘的人買不到。縱使自己也呼喊「我渴了」，但不要吝嗇給別人一杯水。不是因為這樣良心會好過一點，而是因為耶穌基督的苦難使我們連繫起了。

「知其不可為而為之」的忍耐

按約翰說，耶穌的「我渴了」是要應驗詩六十九：21，請繼續讀詩六十九：32-36，

尋求上帝的人，願你們的心甦醒。

因為耶和華聽了窮乏人，不藐視被囚的人。

願天和地、洋海和其中一切的動物都讚美祂！

因為上帝要拯救錫安，建造猶大的城邑；祂的民要在那裡居住，得以為業。

祂僕人的後裔要承受為業；愛祂名的人也要住在其中。

當下生活世界的無奈沒有使我們失去對上主救贖的確信。縱使承認生活世界絕非我們可以完全控制，但我們仍要有耐性，並努力去改變這際遇。在這時候，我們相信時間不是痛苦的代號。縱使每一日的情況沒有明顯的改善(指受感染人數和患病者的病情)，但每一日不是浪費，不是白捱。或許，這疫情要一年半載才可以控制，但忍耐就是堅持仍要繼續生活，讓活著的人可以生活。

願上主賜我們生的勇氣與盼望。

(論壇網站時代講場，二〇〇三年五月十六日)

在復活的盼望中面對死亡的無常

鄧紹光　香港浸信會神學院基督教思想(神學與文化)副教授

一、

這些日子，城裡流行一場還沒有完全摸得通透的疫症，開始有人提到馬奎斯(G. G. Marqnez)的《愛在瘟疫蔓延時》。愛與死亡，生命的兩大性相，統合於一場瘟疫之中，不免詭異。而尤可注意的是，作品中這一場自歐洲傳來的霍亂蔓延期，竟同時是哥倫比亞歷史上有名的「千日戰爭」(一八九九年至一九〇二年)；權力鬥爭與疫症肆虐，同時死人無數。

在政治動盪、瘟疫流行的日子，死亡接踵而來，或與我們擦身而過襲擊旁邊的生命，或迎面翩翩起舞而欲吞噬血肉之軀。能夠跟死亡匹敵、抗衡的，就只有強韌不死的愛。「愛情如死之堅強」(歌八：6)。大概馬奎斯這書可以為此作註腳。但願，愛，在瘟疫蔓延之時，叫生命更堅韌，得以面對死亡，以及死亡帶來的恐懼。

二、

瘟疫流行之時，生命的無常性格就高度密集起來在我們面前顯現，造成劇烈的存在性震盪：我們可以怎樣過日子？當死亡隨時襲來，我們可以怎樣過日子？因為死亡的隨時襲來，人生變得無常，我們不知道下一刻死亡是否就伏在門檻，伺機發動攻擊。死亡，原來可以突如其來，毫無聲息，全然不在預測控制之中，恐懼由此而生。

瘟疫流行之時，死亡近在咫尺，在我們面前威嚇，叫我們落荒而逃，切斷一切染病、懷疑染病、沒有染病的人際關係，躲進自我封閉的世界。死亡的臨近，叫我們手足無措，為求自保而不惜捨棄生命賴以為生的種種關係網絡。以為因此而可以遠離死亡的威嚇，卻不免淪為死亡威嚇底下的囚役。誰能解除死亡的咒詛？

三、

突如其來叫人措手不及的死亡，使人感到生命無常。這無常，是因為我們沒有預備死亡，對死亡也不熟悉；不熟悉死亡，又如何準備呢？自然，誰熟悉死亡呢？如法國哲學家勒維納斯（E. Levinas）指出：人首先遭遇的死亡並不是他自己的，而是他者的。活生生的人如何可能遭遇並熟悉死亡呢？因此，德國神學家雲格爾（E. Jüngel）說：「死像一個謎，不可定義」（《死論》，林克譯，〔香港：三聯書店，一九九二〕，頁5）。

縱然我們首先遭遇的是他者的死亡，但卻提醒我們自身同為一「向死之存有」（Being-towards-death，德國哲學家海德格〔Heidegger〕語）。生命的將來性原來是有限的。當疫症以大規範又極度突然的方式爆發，這種朝向死亡的意識就更加強烈。我們還有明天嗎？死亡作為生命的限界——死線，仿似就在眼前。焦慮、恐慌、竭斯底里，一湧而現。因此，在哀悼逝去死者的同時，我們也在哀悼自己已經預見的遭遇。

四、

對於死亡，我們唯一可以確定的是，它中斷了在世的生命。這中斷使得原來的生命失去了意義。是中斷，而非終結。終結是完成，劃上了句號，使之前的一切圓滿起來。中斷是打斷，在還沒有開展之前就橫加否定，或是在茁壯成長的時候毀滅殺害，取消了使將來得以出現的可能性，生命倏然而止，再不能圓滿展現、完成自己。

死亡，原來可以是完成生命的終結，後來卻成了中斷生命的虛無。因此我們在死亡臨近時畏懼，畏懼一切努力盡付流水，所有遺憾傷痛無法彌補，我們無可奈何地被迫割斷了地上此世的種種關係。橫逆的死亡、不合時宜的死亡，盡都在喚醒我們這種畏懼的意識。雖然我們都知道人皆有一死，但僅此不足叫我們畏懼；叫我們畏懼的是，死亡無聲無息地接近我們，赫然與我們照面，要奪走我們生命的可能性。

五、

如此一來，生命曾經遭遇的，豈非都勢將化為零落的碎片，難以掇拾成串？誰能抹去難以克服的無常意識？我們感到無常，因為在突然而來的死亡面前，計劃、控制、計算，全都落空，全都無能為力。無常，因為無以為繼；既不能延續，也不能再來。死亡讓我們明白生命本身並非永恆，而猝然而至的死亡倒顯明生命的變易無常。

當生命還在盛放的時候，無端橫逆的死亡一下子臨到，生命頓然變得虛無、荒謬。當我們目睹這一切在身邊發生，我們又會如何看待自己的生命？生命可以理解嗎？這個不是終結的中斷，使得生命難以理解。因為這個不是終結的中斷，根本就是全然不可理解，它本身就是虛無、荒謬。當生命沒入這漆黑的中斷之中，我們還能言説甚麼？

六、

難道死亡的中斷性格根本不能被克服嗎？以致我們必須活在虛無、荒謬的無常之中？從基督教的信仰來看，這是怎麼一回事？基督信仰會怎樣了解死亡，以及生命？基督信仰從來不輕視死亡，但也不會以之為最終的勝利者，而總是肯定生命本身。雲格爾説得對：「生意味深長。死並不遜於生」（《死論》，頁3）。這裡涉及的是罪與死亡的關係，以及拯救的問題。

「人之所以活著，只是因為耶和華與人相關，以及人本身的一種適合上帝與人的這種關係的方式與耶和華相關。……《舊約》將破壞這些生命關係的嘗試一律稱之為罪。罪就是背叛上帝……。罪要求趨於無關係，它造成關係破裂。**死正是趨於無關係這種要求的結果。**……罪是趨於無關係的不信神的衝動。根據《舊約》，死在這種衝動中僭越了它在生命終結之處的險惡領地，帶來突然的中斷……」（《死論》，頁83；參英譯Death，頁28）。

七、

「在《新約》看來，人葬送了自己的生和授予自己的神聖生存權，這就是罪人必然遭受的那種死的本質。……

它是惡事的惡報，惡事破壞一切關係，……直至最終導致死，……從而揭示了這種生之無意義。……死這種毀滅的強力恰恰是人用來對付自己的強力。……災難性死亡正是在我們的行為的結果中稱王。它首先是人的產物。……災難性死亡歸根究底是人自己造成的。人使自己招致這種死」(《死論》，頁94)。

在這兩段引文當中，雲格爾告訴我們罪與死亡的關係，告訴我們為甚麼罪會帶來死亡。災難性的、中斷性的死亡，是罪的必然結果。當罪是一種背離關係的舉動，那它就是使得生走向其反面，中斷與上帝的關係，並且破壞一切的關係，結果導致生命的滅頂，以死亡告終。死亡總是在關係破裂之處出現，吞滅一切生命；而生命之可能被死亡毀滅，乃在於其自身的破裂。死亡在這裡，讓人驚醒這種生命的虛無、荒謬、無意義。

八、

基督信仰的出路是甚麼？重新建立關係。但怎樣可以重新建立關係？這種關係是一種怎樣的關係，以致我們仍然可以面對死亡而毫不懼怕，並且可以重新肯定生命的意義？只有一種情況可以重建關係，那就是「上帝在死中也不放棄與我們相關，……上帝與人的新關係就在於上帝自己承受了使人與他疏遠的死亡無關係。……他就表明自己對有限之人懷有無限之愛的一種本質。因為當一切關係失去之時，只有愛創造新的關係。當一切交往中斷之時，只有愛建立新的交往」(《死論》，頁117)。

「上帝以愛分擔死的痛苦，以將生與死引入一種新的相互關係之中，這種關係可以名副其實地稱之為從死中復活」(《死論》，頁118)。耶穌基督從死中復活，必須理解為「死之死」、「戰勝災難性死亡」(《死論》，頁118)，從而創造了新的關係，以及一種新人。在這裡，因信稱義成了不可或缺的信仰環節，只有在信仰之中才有可能進入這個新的關係，成為新人。成為新人，帶著信仰的希望：「從死中復活」，才能面對仍然無法迴避的死亡、生命的終結。

九、

甚麼是「從死中復活」？雲格爾指出：「從死中復活就是匯集並公開已經度過的生，使之永恆」(《死論》，頁130)。這就是說新的關係不會被中斷，「生命的終結就不會突然中斷」，因為「上帝承接著終結，結束的東西之彼岸不是虛無，而是曾在開端的同一上帝」(《死論》，頁96)。終結是屬於上帝的，是生命的完成而非中斷、歸於虛無。在這樣的一種終結之中，亦即經歷死亡然後復活，已經度過的生「將獲得拯救和榮耀」(《死論》，頁129)。這種肯定的希望是我們今天毫不絕望地活下去的緣由。

因此，基督信仰所講的拯救，其實質乃在於「**這個已經度過的生**被拯救」(《死論》，頁129)，「獲得拯救的過去是上帝的現時之中的過去，是被上帝化為現時並賜予榮耀的過去。過去在有生命的上帝的現時之中，它絕不可能是死去的過去」(《死論》，頁130)。只有在這樣的信仰底下，我們才可以重新對死加以評判：「死不一定是災難性死亡。在死也可以是一種沒有恐懼的終結，甚至是『益處』」(《死論》，頁95)。擺脫了死亡的威嚇，人在與上帝的新關係之中，就當在地上抗衡種種的無關係，活出生之盼望；生命可以欣然迎接每一天的遭遇。

(第八二一期，二〇〇三年五月廿五日)

反省問題

※ 聖經裡面，記載許許多多的人物，其中不乏受苦的信眾。你認為，聖經記載這些人物，為了向讀者說些甚麼呢？

※ （續上題）聖經受苦人物中，約伯是一個例子。你還可以另外舉出再多的人物嗎？這些人物，對你的生活和此時此刻，有甚麼幫助、啟示呢？

※ 如果你是教牧同工（或想像你是），你會怎樣在「非典」期間進行牧養工作呢？

※ 「非典」期間，教會停止聚會，是根據甚麼原則呢？這些原則，可以在日後遇到類似問題時應用嗎？（「原來教會聚會可以在『某原則』下停止的嗎？」）

※ 教會在「非典」下，崇拜、牧養都起了相應的變化措施。如有教會設網上（家中）崇拜、網上聽道、視像探訪等。你認為這些相應舉動應否在「非典」過後繼續發展下去呢？若鼓勵兄姊在網上崇拜、聽道，會否影響他們日後的相交生活呢？

※ 在「非典」期間，有些教會轉變牧養模式。你認為，教牧們的牧養模式，是教牧們自我的專業決定、還是整體教會長執與教牧同工一併商議出來的呢？你有甚麼意見呢？

※ 如果，「非典」並沒有在全港爆發，僅在你所屬的地區（你教會所屬的地區）小規模的出現，你認為你教會還需要關心嗎？

※ 各位讀者，你所屬的地區教會，有為所屬地區承擔起地區的牧養、回應鄰舍的需要嗎？若有，你可以怎樣參與其中？若沒有，你認為應該鼓勵教會承擔地區上的牧養工作嗎？

※ 教會在牧養及資源(金錢及人才)上，有為地區、香港處境的需要，每年在計劃中作出規劃、預算嗎？你對此有甚麼意見呢？

疫症留痕

瘟疫裡的教會故事

蔡揚眉

「這場瘟疫太可怕了，健康的人只要一跟病人接觸，就染上了病，那情形彷彿靠近烈火那樣容易燃燒起來。不，情況還要嚴重呢，不要說走近病人，跟病人談話，會招來致死的病症，甚至只要接觸到病人穿過的衣服，摸過的東西，也立即會染上了病。」

「活著的人們，每天看到這一類或大或小的慘事，心裡就充滿著恐怖和種種怪念頭；到後來，幾乎無論那一個人都採取了冷酷無情的手段：凡病人和病人用過的東西，一概避不接觸，他們以為這樣一來，自己的安全就可以保住了。」

「有人以為只要清心寡慾，過著有節制的生活，就能逃過這一場瘟疫。於是他們各自結了幾個伴兒，揀些沒有病人的潔淨的宅子住下，完全和外界隔絕起來……也有些人的想法恰巧相反……」

「浩劫當前，這城裡的法紀和聖規幾乎全都蕩然無存了；因為神父和執法的官員，也不能例外，都死的死了，病的病了……」

這些記錄，乍看來是講述我們香港今天的境況，其實是一三四八年佛羅倫斯的情況，這是詩人薄伽丘(Giovanni Boccaccio，1313-1375)的小說《十日談》

（*Decameron*）的前言，是當時歐洲黑死病禍害的實錄。在艱難的歲月中，詩人為了當代的人，也為後世的人開闢另一個心靈空間。他講述十位年青男女在疫症蔓延的時候，去到郊外，輪流在十天之內講出一百個心愛的故事，令聽故事的人得到愉快。

佛羅倫斯有一百個動人的故事，我們香港這邊廂，也有很多激勵人心的故事，也有很多口罩的趣事，當中少不免有點戲謔成分，但不外乎要大家解悶消困。不知不覺間，我們與中世紀相連起來。今天，口罩仍然是我的需要，但這個時候，我們更需要相聚一起，尋找講不完的心靈故事。

災禍忽然臨到的時候，我們以為毫無經驗，但原來我們已有前人經歷過，而且以前的情況更嚴峻，只不過我們的版本不同，但卻有同樣的心靈需要。

瘟疫當前，留抑或溜？

非典型肺炎、炭疽病毒、伊波拉病毒、黑死病……，這個世界從來未曾免疫，疾病與死亡一直威脅人，教會亦一直面對挑戰。中世紀連番的瘟疫，展露出人們的軟弱及堅強。

中世紀的黑死病是一種傳染病的鼠疫，相信是從亞洲傳播出來。一三四七年，一隻載有患病水手的商船來到西西里島泊岸，病毒開始傳入歐洲；翌年，再傳到歐洲大陸，以致所有歐洲地區。病毒在歐洲人口密集的城市蔓延迅速，當時尚未發明抗生素，若有人被感染，往往幾日之內就會喪命，估計當時三分之一的歐洲人，約二千五百萬人因此而死去。

最初，人們對疫症的起因也不了解。對人們來說，這是神祕的天譴。當時甚至有醫生認為，望病人一眼或吸入病人的臭味也會受感染，於是醫生也穿起厚袍，帶保護帽和眼罩，及帶上好像雀鳥咀巴的巨型口罩，在這些口罩之內，放有特別的香料以過濾病毒或氣味。不過，這場疫症太可怕，也有醫生逃走。人們當然亦設法避開這場瘟疫，城市的人逃亡往郊外，後來鄉村的人也死去，愈來愈多的房屋及土地被棄置，死亡的景象更是嚇人，有豺狼及野獸爭吃死屍，有野狗將埋葬的屍體拖出地面。

在逃避之外，最常見的做法就是尋找宗教上的出路及答案。教會第一個的挑戰就是要解答這個死亡之謎。在某個時刻，人們湧進教堂去悔改，或者參加悔改巡遊，這些巡遊有時會長達三日之久，亦有記載參加人數高達二千，但這類群眾的公開活動反而令病毒更散播。雖然如此，人們在絕望中亦只有寄託永生，有很多人在恐懼中祈禱，渴望得到宗教的慰藉，及祈求上天保護自己免受感染，宗教活動有很大的需要，有些極端的做法是藉著鞭笞自己或他人來贖罪（例如Flagellants／Brotherhood of the Cross）。遇上有錢人要臨終悔改，教會就無端繼承了豐富的財產，教會增加了財富，卻未能解答死亡的疑問。

教會另一個挑戰就是決定留下來抑或逃走。太多人逃走，太多人病倒，連神職人員也不例外，英格蘭就有四成的神父死亡。愈來愈多神職人員逃走或死亡，終於要由一些資歷不足的神職人員或甚至平信徒來主持聖禮。一位在西西里Piazza的聖方濟會修士曾作這樣的記錄：法官拒絕到來為臨終的人立遺囑，甚至神父也不來聽人們的懺悔。坎特布里大主教的一位職員亦報告，英國也有神父因為害怕死亡而沒有到來照顧病人。民眾對教會的情況及所給予的答案亦愈來愈不滿。

與此同時，修院亦受到最嚴重的打擊，因為修院是收容病人的地方（醫院基本上是用作隔離，沒有人期望可以痊癒出院），而照顧病人亦成為修士主要的職務，加上修院的生活是緊密的接觸，所以傳染病往往在修院一發不可收拾。那時候，願意留下來服侍病人的，就是一些修會的修士，例如聖方濟會及道明會等。在Montpellier的道明會修院，一百四十名修士中，最後只有一人活下來。

史學家Jean de Venette 這樣描述在巴黎Hotel Dieu醫院的修女，她們無懼死亡，用最好及最謙卑的態度服侍病人。在一三四八至四九年間，法國死亡的人數前所未有，每天逾五百死者送去墳場，其中亦包括很多服侍病人的修女。

道明會有兩位著名的人物，都曾經在疫症期間服侍有需要的人。一三四八年，疫症來到史特拉斯堡（Strassburg），很多人開始逃亡，留下來的其中一人是Johnannes Taules（約1300-1361），他日以繼夜照顧黑死病的病人，他終於在疫症第二次爆發的時候患病逝世。

另一位是意大利瑟納的聖佳琳St. Catherine of Siena（1348-1382），一三七四年疫症在瑟納蔓延時，她繼續照顧病人，並親自埋葬死者，當時亦有很多人到來聽她的教導及請她代禱。

另一位對抗疫症出名的人是Montpellier的St. Roche（1295-1327），他的故事有點傳奇色彩。在一些畫像中，會見到一位手持木杖的朝聖者，其中一隻腳的小腿展露出疫症的傷痕，身旁有一隻狗。Roche曾經醫治及照顧病患者，後來他在意大利北部的Piacenza也染上疫症，為免連累其他人，他獨個兒去到森林度過餘下的日子，他在森林中遇到一隻狗，這隻狗為他送食物，後來狗的主人醫好他的病，於是他返回Piacenza，並在那裡繼續服侍患病者。

逃走的人是多，留下的也不少，無名者更多。黑死病結束了一個時代，也啟發了很多文明與反思。

多少天疫症，多少個故事

今天，當我們回顧中世紀的藝術畫作，也會看到很多橫屍路邊的病人，及代表死亡的骷髏骨，死亡就到處拜訪，活人與死人一同生活。這一類藝術題材叫作「死亡之舞」，完全反映到死亡的張牙舞爪。

很多很多年之後，人們翻看香港今天的歷史記錄，就會見到教堂崇拜的群眾都戴著口罩，這個景象會讓將來的人有甚麼反思呢？

在全城戴著口罩的日子，我與丈夫參加一個燒烤活動，回想起來，那是我近期最愉快、心靈最滿足的一次體驗。那一夜，我們講論各種口罩與病菌的所見所聞，將恐懼與焦慮變成笑話。我很明白，若將自己封鎖，最安全的地方也是致命；我也體會得到，若與弟兄姊妹憂患與共，心中若有惶恐，我也可以跨過。疫症有幾多天，我們就有幾多故事。

這裡還有一個小故事，是發生在薄伽丘之後的另一場瘟疫風暴。一五二七年，中歐西里西亞一位改革宗領袖Johann Hess寫信給馬丁路德，問他基督徒可否在疫症期間逃亡。馬丁路德作出了詳盡的解答（馬丁路德答*Whether One May Flee from a Deadly Plague*），他的意見也是常人之見，只不過提醒大家，我們需要保護自己的生命，也同時要兼顧盡忠職守。至於馬丁路德本人，他在疫症最接近時，則拒絕離開威丁堡。同時，不知何故，當時仍有少數學生留下來，於是，馬丁路德繼續講學。神學家的論説與榜樣，也讓我軟弱的心靈得到鼓勵與啟發。

初期教會也有一件死亡與安慰的事件，死者是猶推古（徒二十：1-12）。在一次聚會中，猶推古跌死了。整個教會目睹一樁突然死亡事件，在死亡跟前，我們一籌莫展，只有仰賴賜生命的主，猶推古後來復活，教會經歷了死亡與生命。「有人把那童子活活地領來，得的安慰不小」（徒二十：12）。

我們原本已出死入生，奈何心存恐懼，但上主早在我們的恐懼與憂慮中接納我們，只盼我們能相聚一起，讓自己得安慰、得勉勵，更讓這個世界看得見救恩的盼望與安慰。

（標題及分題為編者所加）

（第八一七期，二○○三年四月廿七日）

香港教會面對疫症的「危」與「機」

吳國偉

非典型肺炎相信不會在一兩個星期內被治好，危機將會成為常態。非典型肺炎將不再單是醫療問題，而成為社會當下要面對的中至長期的整體問題。社會層面的回應涉及基本立場、原則、策略等多方面。停課、口罩、封樓、區隔、檢疫等措施以何種程度用在何種情況在何時何區實施，在報刊論壇已多有討論。本文只想帶出一些教牧同工要思考、面對的教會問題，期望引發反思，幫助教友超越困境，轉危為機。

一、主日崇拜及聖餐：由「返崇拜」轉為命運共同體

主日崇拜是教會最不願停止的聚會，集體敬拜也是信徒一個很核心的信仰踐行，所以在學校也全面停課的社會處境下，教會寧可停止團契小組也堅持舉行主日崇拜是合情合理的。而教友在高度傳染疫症危機下參加教會的集體崇拜，正好回應了崇拜的一些老問題。

以往在崇拜中最為教會困擾的問題，也許是教友「返崇拜」時既缺乏參與感，彼此也沒有共同感，參與崇拜好像是集體個人靈修。為了改善「返崇拜」的心態，教會要求帶名牌、改唱多些具時代感的詩歌、用互祝平安禮、握

手歡迎新朋友等方法，期望有所改善，收效總是不明顯。

今日在感染疫症的危機下，教友選擇參加集體崇拜，是一個很有意識的行動，崇拜中他們更會懇切聆聽求問，發掘信仰傳統對面對危機的真正力量。在崇拜中弟兄姊妹的握手問安、甚至在聖禮中分享聖體寶血，更確定大家的命運相連，就如家人不會介意彼此接觸，在同一屋簷下共享染病的機會率，並且承擔不守規矩的家庭成員的特高風險。當然我們仍要注重基本的個人衛生，聚會後立即洗手、使用獨立包裝的聖餐餅當然是一個方法。然而撇開一切，一同聚會分享，「一個肢體受苦，全個身子也受苦」在今天的意義是非比尋常的。

二、探訪的問題：由教牧專職轉為教友互相關懷

教牧同工帶領兄姊探訪年長教友是牧養的基本工作，然而弟兄姊妹以為只有少數人才有責任關心教友，是教會很難改變的一個積習。

今日教會雖然繼續崇拜，但是醫護共識指長者、長期病患者應留在家中。在疫症相信不會於一兩週過止的情況下，如何有策略地牧養不能在教會聚會的教友？鼓勵教友不要乘搭高傳染風險的交通工具，轉去就近不論宗派的教會參加崇拜，是一個持守大公信仰的教會可以接受的立場；教牧同工轉用郵寄崇拜講章，也是可行之策。然而假如教會乘勢動員那些無須回校的老師同學，分配致電問候未能回來崇拜的長者教友，再讀出教牧同

工的講章，再一起分享禱告，是否一個重整堂會關顧網絡，將探訪專職轉為發動全堂彼此關懷運動的適時妙法？

三、團契／小組聚會的安排：由表面分享走向深化、由內向轉為外向

團契小組不可能長期停止，然而當這個「夕陽工業」常被人詬病為內向、只顧自己個人的「牙痛」問題，甚至乎「無病呻吟」時，團契如果要繼續，今天就要能將彼此的溝通層面深化。由事實分享（疫症及戰爭的情況）、到觀點分享（對防疫的對策）、以至感受（個人對生命無常的恐懼真誠坦露），再分享靈性層面（基督徒信心的根基），以及愛的實踐行動計劃……這是何等的美、何等的善？由「怕」走向「愛」，正是一個深度分享、由內至外的更新團契之路。

四、社關小組：僕人角色與先知角色的揉合

教會的社會角色看重服事抑或批判？這場「僕人」與「先知」之戰在這一代應劃下句號。在九七回歸之後大家對「結構」、「外圍」、「政策」等因素都耳熟能詳。然而對於基督徒關心社會應該同時具備僕人及先知的雙重角色這一點，則從未如今日知得確切。就以醫護人員的支援為例，我們一方面要保護自己免於染病，免得加重前線醫護人員已經過荷的負擔，同時也要指出在政策上構成醫護人員過荷的得失，提出不同醫院可以更有效分工合

作的方案。在政策機關方面，我們很明白「有政策官員不等於有政策；沒有政策時，有政策官員都無用。」同樣，我們因為愛護醫護人員，不單要為他們的身心健康代禱，更要詰問有份折騰醫護人員的政策失誤。於是，醫護人員的團契不單分擔工作壓力，也要問壓力的根源問題；而慣於分析醫護政策失誤的社關小組，也應組織關顧工作，寄問候卡往威院的同工是基本工作，找個聯絡方法，協助醫護人員家人，組織為獨居老人家居清潔的服務隊，帶一些口罩、個人衛生的單張去，是一個愛心的見證行動。結合公義與愛重整教會的社關工作，正值出場契機。

五、盼望的緣由：挑戰信徒提升精神價值的神學反省

最後也許是最根本的問題，就是教會作為信仰群體，教牧作為促進信仰反省深化的「火車頭」，很需要問信心的問題。特別是教牧同工自己，在社會風氣暗淡，前路禍福難辨的時候，我們要先撫心自問，自己是否對上帝有堅定不移的信心，對將來有否超越生死的盼望，才可以在「異死走向人」（劉小楓在《我們這一代人的怕和愛》形容二次大戰期間猶太人遭遇的用語）的嚇人困境中實踐犧牲的愛。當懼怕是真切出現的時候，教牧同工教會領袖不需要作假先知，反而應該爭取分享困境無望的信仰掙扎，這正是很多教友真正面對，而正等待敞開心門跟你們分享的。他們要的是同行者，牧者不是每一個都是先知。

要知道真假先知已發出平安的信息，甚至可以確實指出已看到曙光。然而真先知是那心裡真知道盼望源頭的。基督徒不懼怕疫症不是知道災難總會過去——因為在風險社會中，下一個疫症很可能很快會出現——而是因為基督徒不怕死：「基督已戰勝死亡」(復活節期已近！)。這是一個對生命本質有宗教層面體會的層次，不受現世物質、生死、名利的規限所侷促。

教牧同工應以信仰挑戰弟兄姊妹，在「風頭火勢」少不免以「支持下去，難關會過」去「頂住」。當一個星期過去，一個月過去，甚至一季一年，教牧同工有責任提升教會在精神價值的層次，在危機中深化信仰，不再以世俗眼光尋找問題一時的解決，應反思自身的信仰傳統，追求更高的理想，尋找更高層次的存在(higher level of existence)。比如對基督徒醫護人員，我們一方面要以禱告支持他們努力撐下去，另一方面，我們要勉勵他們，這正是他們投身醫護界(也是我們投身牧職界)、努力學習一生去爭取的人生理想。當醫護人員不是要救人嗎？基督徒難道比普遍人更怕死？上帝真的呼召我去當醫護人員嗎？

以上五方面只提及教會可以反思的幾個方向，教會應組織「危機應變小組」思考更多乘勢而起之策。世界和平是我們日夜所盼所禱，然而當廿一世紀仍有嗜戰的強權者，危機感就不是一時的問題，而應是深藏基督信仰之內的問題意識。集思廣益，榮神益人，是為所禱。

(第八一五期，二〇〇三年四月十三日)

死亡的氣息

馬傑偉 香港中文大學研究院傳播學部主任

一、

在疫症的高峰期，記者朋友凌晨三時致電給我：「你所住的大廈一家五口染病，請保重！」病亡的威脅一下子闖入生活。每天進出的升降機，那封閉的狹小空間，突然間充滿危機。一排一排的數字按鈕，不知是否潛伏了萬千個病毒的軍隊。死亡的距離縮短了，彷彿就在眼前。

一個月後，香港疫情穩住了，似能笑對危機，大家舒一口氣。假日下午，記者情緒低落，又打電話給我分享感受。早前染病的一家五口，原來戶主是個大學教授，無端感染，不久去世，祖母亦染病過身，留下妻子在醫院留醫，兩個小孩子無依無靠，暫時由親友照顧。男主人逝去，家庭頓失經濟支柱，住宅的租金不能負擔，除了為兩個逝世的家人張羅身後事，又要申請公屋作棲身之所。教授生前生活安穩，只在醫院走了一趟，無端與病毒打個照面，死亡迎風而來，一兩秒間，無聲無息就把一個家庭倒轉過來。記者朋友難受之情，超過了採訪的職業關懷，身旁的故事令記者想起了人生的無常，這已經不僅僅是一則新聞案例，而是活生生的人生經驗。

病亡悲劇的憂戚眼神、令人心酸的絕望之聲、無助無奈的沙啞申訴、生離死別的難捨之情，這些影像、聲音、故事，在傳媒呈現，令人感同身受，因為病毒無情。故事中那一個悲劇的主角，可以是你、可以是我。對於死亡的感知，一下子又從生活的邊緣走到眼前。

二、

在現代高度分工的社會，死亡是個十分矛盾的現象。傳統社會中，疾病死亡均與人情網絡相連。病人留在家裡由家人照應。逝去的人，在家中走完人生最後一程。葬禮的場景，亦貼近家居鄰里。然而，現代社會把衰老與病亡，收入一個個理性化的程式之中——老人院、療養院、社區中心、警局、醫院、殯儀館……病變有醫療專業處理、悲痛有心理輔導化解、殮葬有多元化的殯儀套餐，整個過程都可以用金錢換來有效率的服務。

死亡從生活之中分隔出來，在冰冷的理性程序被安置了。奇怪的是，死亡的面目，卻以超乎真實的大特寫呈現於媒體之中。世界各地的現代社會，倘若實行市場消費模式，死亡往往大量出現——交通意外身首異處的可怕圖像、自殺殺人的乖僻奇案、天災人禍引起的震憾畫面，變成奇貨可居的傳媒商品，見於熒幕、刊於頭條。日常生活看不見死神，死神在媒體卻是兇猛驚狂。直擊死亡的傳媒影像，會不會是現代社會壓抑死亡後的心理補償呢？

媒體的死亡真面目，往往以超現實（hyper-reality）的瘋狂狀態出現。普通人不可能闖進的死亡現場、你和我一生也不可能經歷的自然大災難、只有在驚慄小說才會出現的連環兇殺案，凡此種種「非凡」狀態，都已經是現代傳媒的「正常」景觀。

傳媒的「非常死亡」，能否令現代人了解死亡真面目？能否喚起生存的終極關懷？能否令人想起死亡原來是人生的常態？又或者，死亡超現實，只會令公眾麻木不仁？

社會把衰老和死亡架空（compartmentalize），乾乾淨淨的，放入陣陣藥水氣味的醫療系統之中。而青少年的花花世界、成年壯年的事業競爭，則不成比例地出現於傳媒世界。成年及青少年的消費力強勁，而媒體市場是由廣告收益帶動的，結果是：高消費高調推銷、低消費低調隱藏。老弱、死亡便只能以獵奇的形式呈現。現代人比較意識到消費、享受、拼搏、成就；而死亡這個哲學性的人生存在狀態，則往往被扭曲和異化。

三、

「非典」事件有一切媒介事件（media event）的特色——參與性強、凌駕其他媒介議程、牽動公眾情緒、有故事性和發展性、令觀眾追逐最新疫情。提出媒介事件這個概念的學者Dayan及Katz，指媒介事件有三類——一、競技類，如世運會；二、禮儀類，如建國大典；三、開拓類，如登陸月球。今次SARS引發全球警報，是Dayan與Katz所説的開拓類。事件透過媒介擴散，成為一代人的記憶，標示了一個新里程，透吐了一個新時代。香港的「非典」事件，的確重構了香港意識，這方面我於另文討論（〈香港五變〉，刊於《明報》世紀版，二〇〇三年五月十二日），在這裡我集中説明另一個集體意識的改變：

此事令港人在危機之中，重新面對死亡的逼近性，是一個價值觀的埋身衝擊，因為媒介事件令人投入複雜的情緒，發現死亡就在生活、就在人群、就在眼前。今次「非典」事件，呈現出一種甚有人情味的死亡氣息。病魔的面目看不見，故事的情感卻活現出來。死亡是家庭的事，不單是醫院的事；死亡是人生的必然，並非徘徊於人生的邊緣上。以往死亡是孤立而血淋淋的特寫，現在是感同身受的威脅、是孤兒寡婦的救援、是日常生活的關顧、是老父對前線醫生兒子的焦灼低鳴、是妻子哭別一個殉職的盡責丈夫……。死亡以鮮有的力度「回歸」生活，教人追問甚麼才是人生終極的關懷。

四、

當然，媒介事件只出現於一時，整個社會的工具理性思維不會因疫症而轉移。正如社會學祖師韋伯所言，現代人生活在一個理性的樊籠（The Iron Cage of Rationality），不會「沉迷」於沒有效益的無常感喟。疫潮過後，一切回復生活的理性分工，死亡又退出我們那個習以為常的拼搏競爭的人生舞台，扭曲死亡的畫像又會泛濫於報章頭版，只不過，SARS一役，相信不少香港人聽見了死亡的氣息，並從中喚醒了彼此生活的關心與支援。如果我們細心聆聽死亡的教訓並銘記於心，悲劇就不單只是偶然而徒勞的悲劇。

（第八二〇期，二〇〇三年五月十八日）

當非典型邂逅典型——SARS纏上了HKSAR後

張小鳴

poppopmouse@yahoo.com.hk

非典型，近月大熱的字眼；典型，非典型的孿生兄弟。SARS，非典型肺炎的英文簡寫；HKSAR，近日與SARS結下不解緣的香港特別行政區的英文簡寫。

未見棺材假鎮定

一場非典型肺炎教香港的典型文化（即主流文化）濃妝豔抹盡卸，原形畢露，窘態百出。兩三月前，廣州深圳一帶居民因肺炎肆虐而瘋狂搶購白醋和板藍根，連新界北區的阿嬸阿婆也爭相仿效時，大多數自認「理智」的港人仍非常冷靜，甚至嘲笑他們的舉動非理性。原來一切都只不過是美麗的誤會，一切出於對自身的錯誤理解。當沙田威爾斯醫院爆發肺炎潮，有人為此賠上了生命，這城的第一下喪鐘敲響時，不少港人才真正認識自身的真面目。昔日的冷靜根本就是「未見棺材」的假鎮定，沒有任何基礎可言，一旦「殺到埋身」，即使有根有據，也過度反智，杞人憂天，驚恐得不可終日。今天為數眾多「有識之士」的表現，較諸當日內地阿嬸阿伯還要教人失笑。當日的冷笑，當然可以自抬身價，可惜卻留下了「一百步笑五十步」的腳印。

專欄作家馬家輝同時在香港《明報》和台灣《新新聞》週刊發表了一篇題為〈SARS讓香港人很不香港〉的文章，道出了港人在SARS陰影下的習慣轉變，特別指出往日拚命按電梯鍵的今日都恐懼按電梯鍵了。他說得沒錯，這陣子港人的典型生活習慣確實是改變了，不那麼香港了，如乘坐公共交通工具和上街戴口罩的、回家用膳的多得不得了，北上消費的、光顧食店的、上戲院的、逛商場的卻愈發稀少。

歧視文化大現形

若細心考察若干行為模式的轉變，不難察覺大部分港人習性雖丕變，背後的那副德性卻沒變。單以口罩文化來說，香港在過去半個多月的翻天覆地的變化，確實是過去多年罕見的文化奇景。整個城市幾乎在一夜之間變了天。非典型肺炎爆發初期，有心人如「鄭大班」鄭經翰已透過大氣電波呼籲市民戴口罩，可是反應奇差，皆因當時大多數公眾皆以戴口罩的為病人。遇上戴口罩的，少數體諒的還會藉故迴避，不令對方難堪；大多數怕沾病毒的卻當對方生人勿近，不單動作礙眼，還送人白眼。這怎教人戴得安樂？過不了數天，當非典型肺炎的恐怖殺傷力透過鋪天蓋地的傳媒「殺到埋身」，人人如夢初醒，為了生命設想，開始意識到口罩的重要，群起加入搶購的大軍。然大多數人既非醫護人員，又不是常駐醫院，卻專挑N95、8210等專業型號口罩，生怕其他手術口罩不能保命。這種一窩蜂追逐高質口罩的非理性行徑，表面像是保障健康，然而其潛信息明顯是「怕死得要命」。另一方面，只不過幾天時間，遭歧視的對象卻易位了。不少早前不戴口罩的已轉換陣營，反過來遭不戴口罩的白眼。為了不教人驚恐和免除歧視目光，不少人沒有選擇，不得不在安全地方跟隨口罩大軍的步伐。說穿了，這個口罩文化在香港的燎原之勢，助燃的竟是虛怯的人心和歧視文化。

東京、北京的市民在流感橫行期間都會戴口罩。據聞東京人因自己染病而戴，為的是保障他人；北京人因身為首都公民而戴，有的是公民意識。兩者都是城市衛生文化發展的重要意識。但在香港因怕死、怕受歧視而戴口罩的主流文化中，本地衛生文化的路仍很漫長。

（分題為編者所加）

（普普文化站網址：www.poppop.net）

（第八一六期，二〇〇三年四月二十日）

莫將優勢當劣習——肺炎的啟示

徐承恩
http://rseric.tripod.com/

猶記得在二月剛過年的時候，廣東省剛傳出非典型肺炎爆發的消息。那時候，報章報道民眾搶購白醋消毒家居，身邊的人往往對此發出事不關己的嘲笑。風波剛起，廣東省衛生廳的人便召開記者招待會，信誓旦旦的聲言疫情已受控制。那時筆者也聽信其言，以為那不過是茶杯裡的小風波。

然而過了個多月的時間，事情的發展卻令人意想不到。眨眼間非典型肺炎已肆虐全港，全港人人自危，筆者甚至有朋友不幸罹患惡疾。原來廣東省衛生廳的言論，只不過是對事情的掩飾。事實是：非典型肺炎於去年十一月早已出現，而到了此時此刻仍未有停止散播的跡象。事實與粵方所公佈的相距甚遠，也怪不得有輿論指於肺炎事件中內地出賣了香港。

中共的全能主義

令人費解的是，當香港為非典型肺炎弄得焦頭爛額之際，前經貿部長龍永圖卻對事件不以為然。他甚至怪責香港的傳媒把事件「弄得像五十萬人感染的模樣」，造成恐慌、影響經濟。此語一出，全城譁然，龍氏卻堅持自己沒說錯話，還認為是傳媒在抹黑他。

為甚麼在非典型肺炎高速擴散之際，內地眾官仍要將疫情繼續隱瞞下去？難道還未有五十萬人受感染，事情就不夠嚴重？事實上，假如疫情持續下去，要有幾十萬人染病不是沒有可能。面對這沉重的事實，為甚麼內地的官員仍然把經濟看得比疫病重？對國家內部問題的實況三緘其口，是內地一直以來的特性。這一方面是因為一些地方官員為了仕途，堵住了對政府不利的消息之發放。另一方面，像龍永圖般與事件無關的官員亦有將事情低調祕密處理的心態。這顯示了問題也出在內地的政治文化中。

我們可以說中國共產黨是一個有全能主義心態的政權。所謂全能主義，就是一種認為政府權力可以介入社會及人民生活各領域的想法。昔日中共發起對國民政府的起義，是因著廣大農民一致圍著社會革命理想的目標努力而得到成功。這個做法使眾人的力量集中起來，令他們在對抗國民政府時可以更加有力。當中共建國後，社會革命的目標經已達成，然而中國的人民仍然被要求圍著一個中心而努力。那個中心可以是中共所訂下的「理想」，如「超英趕美」、「全民大煉鋼」或「人民公社」等。

在那一刻開始，中共便成為了一個全能主義的政權。它要求社會各界都圍繞著它所定的中心，也要求人民於生活中全情投入去追求它所定的目標。中國就像一群朝聖者，為著一個崇高的目標而過「敬虔」的生活。而中共則像是上帝的代言人，向群眾指出朝聖的目的地、對何謂「敬虔」作出定義。然而，中國人民並不像朝聖者，他們沒有選擇其他「宗教」的權利、也不可以平平庸庸的做一個「平信徒」。中共要求治下的人民去付出一切達到它所訂立的崇高目標，不然就會對他們扣上罪人的帽子。

當中共當局成為訂立國家共同目標的代表後，它便不會再容忍在國家機器以外的一切聲音。除了中共所訂立的目標，再沒有另一個目標能夠讓中國人民去努力邁進。這樣，中共便會視一切黨建制以外的發言人為敵人，並挾著自己代表國家崇高目標的身分，以「國家利益」或「群眾利益」之名封殺之。

勿讓香港優勢流失

在內地當局全能主義的思想下，我們可以理解為何內地的衛生當局對疫情多番隱瞞。在內地官員的眼中，民眾的聲音乃是社會潛在的敵人。倘若內地疫情失控的消息傳出，官員們會擔心民眾會發出批判的聲音：而這將會衝擊著政府的統治權威。為了防範此一情況發生，並以「疫情受控制」的假消息建立自己的威信。而當香港的傳媒將真相披露時，內地官員的心中大概是在說：「反了！」龍永圖之所以對香港傳媒如此反感，正正是因為真相的披露損害了內地政府的權威。

然而，肺炎風波卻把內地政治文化的弊端一一呈現。在內地封閉真相的作風下，官員們固然樂得耳根清淨。然而，正正就是缺乏透明度，令社會大眾不能夠及時採取防疫措施。正正是因為缺乏社會輿論的監察，內地的地方官員只顧為自己的仕途或是經濟問題著想，至今仍然未能積極抗炎。這樣，內地的民眾損失健康、社會的運作給打擾、政府失去了公信力，最終還會影響經濟民生。曾有人主張中國應全力發展經濟，自由化的政治改革可以擱置一旁。然而，正是因為內地政府敵視民意、自視為國家利益的代表的政治文化，國家正承受著難以彌補的損失。

與此同時，我們應當留意何謂真正的香港優勢。縱然香港的政治仍未完全開放，市民畢竟也享受著言論自由、政府也有一定的透明度。縱然香港政府的抗炎工作仍有可議之處，但至少已比中國內地來得完善。在事件中，市民能夠盡早的作好預防措施。而輿論的壓力亦令衛生當局需定期向市民發佈抗炎的進展，並不時改進其防疫政策。能夠發表異見、能夠以輿論監察政府，這正正是香港的優勢。正因著這種優勢，香港的政府比較高效率，亦令香港於國際上有極佳的信用。

不過，筆者卻擔心香港這種優勢或會慢慢流失。近期政府對反對派的態度日趨負面。在立法會會議上，特首及主要官員往往視民主派的意見為批評、奚落。在廿三條的諮詢過程中，葉劉淑儀及保皇分子則喜將「不理性」的標籤貼在反對者的身上。政府及保皇分子的言論，則往往暗示民主派令政府成為「弱勢」，造成香港今日的困境。政府如此敵視民意、又視反對意見為社會發展的絆腳石，這不正是全能主義的影子麼？願市民在同心抗肺炎之際，毋忘捍衛香港獨特的優勢。

（部分標題為編者所加）

（論壇網站時代講場，二〇〇三年四月十八日）

肺炎潮下的香港景觀

周健文　基磐浸信會主任

自二〇〇三年二月中起，不足三個月，一種香港人全無認識的病毒橫掃香港，令大部分香港人經受沉重壓力！

我們面對的，是一種前所未有的情況。因此，有關方面照應不足，在所難免，應多體諒。但是，我們仍應正視整體情況，汲取教訓，發揮所長，好使香港可以因禍得福！

放眼香港，我們看見甚麼？

一方面，我們看見：政府反應脱離現實！

香港政府胸有大志，卻往往未能照顧現實需要。這個現象在肺炎事件爆發的三個階段都可以看見：第一、在病毒爆發之初，政府官員看來未有充分估計病毒的殺傷力，甚至有忽略前線醫護人員所提意見的嫌疑，幾乎釀成大災；第二、在病毒廣泛爆發、醫護人員染病失救之後，政府提出為醫護人員設立防疫和抗疫培訓基金，卻未有及時和即時為易受感染的前線醫護人員提供足夠保護衣物和設備；第三、為了挽救深受非典型肺炎打擊的經濟，幫助商界度過難關，政府推出退稅和信貸保證等措施，同樣顯得軟弱和不切實際。

在這個過程中，有部分官員敢站出來，為香港傳媒有權報道疫情進展講公道話，又為因非典型肺炎而失去父母的家庭籌措護幼教育基金。為此，我們倒要歡喜。

另一方面，我們看見：民間社會反應更見及時，且具創意！

與政府的表現相比，民間各界的反應更顯靈活合宜：第一、醫學界不單盡力反映病毒有可能在社區散播的危機，更成功在短時間內找到測試病毒和防治非典型肺炎的方法；第二、前線醫護人員盡心照顧受感染的病人，即時得到廣大市民公開表態讚賞和支持；第三、商界領頭籌措基金，重點照顧受肺炎打擊的家庭；第四、商界提出挽救經濟的方案，諸如航空公司以廉價機票來鼓勵市民消費，從而帶動一連串本地經濟活動，看來更切合商戶需要，更能保住部分就業人士的飯碗；第五、傳媒不斷傳遞同心抗炎的信息，有信仰人士的祈福行動，以致一般市民透過電話、電郵等渠道傳送的問候語句，雖不能直接防治肺炎病毒，卻令這個冷漠城市增添不少溫馨，鼓舞人昂首前行。

在這個背景之下，我們卻不得不指出：部分淘大花園住戶不知不覺的表現，教人難過。先有受病毒感染的住客離開居所，將病毒散播到社區，甚至外地，因而造成人命傷亡；後有接受隔離的住客在隔離營內，投訴當局招呼不周，不知服務他們的人之艱苦。這種現象似乎反映部分香港人已養成一種「只講權利，不講責任」的習慣，是不？

非典型肺炎肆虐折磨人心，令經濟受創，更造成人命損失，容易教人喪志。但是，面對罕見瘟疫，大部分香港人表現的同心、創意、活力，卻又不能不教人感到振奮！

展望前路，希望向香港人負責、立志服務香港人的政府可要珍惜香港這種特色，在推行政策時，少堅持一己意願，少按自己時間表，多聽取各界意見，特別是專業人士的意見，與全體市民合作，好讓香港人的智慧和活力得到充分發揮，使全體市民得享生活美好！

（第八二一期，二〇〇三年五月廿五日）

反省問題

※「非典」是我們一個共同的集體經驗。你有否考慮過，將這經驗寫下來，作為日後的反省資料呢？如要寫下，你認為可以怎樣寫？

※ 教會在整整二千多年的歷史中，有著不少突發事情、突發性的災難，這些「過去」，其實都可以為我們今天帶來很多的反省／幫忙的資源，只是，我們有重視教會的歷史嗎？有重視，或無重視的原因是甚麼呢？

※ 在現代社會，死亡常常被邊緣化，消失於日常生活中。我們的教會教導，我們的信仰生活，又會否不知不覺間讓我們以為死亡其實距離我們很遠，殊不知一旦要面對近距離的死亡，就只能手足無措？

※ 中古後期歐洲的連綿瘟疫和戰亂，跟中古教會的勢力下滑，以及文藝復興的出現，關係密切。你認為，這次的非典型肺炎，會為你、為教會、為香港，開展了一個怎麼樣的新時代？

附錄

《時代論壇》網站的非典型肺炎專輯，
尚有其他有關教會與非典型肺炎的文字及影音記錄，可供瀏覽。
網址：http://www.christiantimes.org.hk/archives/SARS.asp

為世界和平祈禱

李炳光牧師 香港基督教協進會主席

慈悲的上主，

每天當我們看到在伊拉克所發生的戰事，我們感到困擾和憂傷，我們記念當地的成人和兒童此刻的恐懼和痛苦；主啊，求祢憐憫。

為在戰亂中的人民得重獲和平，能夠安定生活，我們向主祈禱；求天父賜和平予整個中東地區及那些仍有動亂衝突的地方。

主，求祢止息一切在不同民族、宗教、階級間的憎恨；除去我們心中對財富和權力的貪念；防止我們一切傷害別人的意識；教導我們去悔改、謙卑和寬恕。

上主，此刻我們到祢面前，

像昔日那些緊緊圍在耶穌身邊的迦伯農(葛法翁)群眾，我們全然仰望祢，

像那位癱瘓的病人，我們確信祢能終止人類的苦難，

像那些癱子的朋友，我們願意向需要的人施以援手，

主啊，在這個分裂和苦難的世界，求祢再一次賜下平安與共融。阿們／亞孟。

(本禱文於二〇〇三年三月三十日上午七時於中區愛丁堡廣場舉行的「不要怕！只要信！」香港基督信徒聯合祈禱會中宣讀。蒙香港基督教協進會允准轉載。)

為香港面對病毒侵擾祈禱

鄺廣傑大主教 香港聖公會主教長

滿有慈愛憐憫的天父，愛顧世上一切的人，也鑑察人間的憂愁和苦難。我們現今為香港出現了「非典型肺炎」病毒向祢祈禱：

為感染疾病的人及其家庭；為那些須接受隔離的人；為因此受影響的學校、醫院和社區；

求天父施憐憫，醫治一切病患者，賜予力量，使他們能除去軟弱，從新得力；

又求天父安慰因疾病困擾而焦慮的人，賜他們恩典，把他們從恐懼中拯救出來；

更求天父施展大能，除去港人此刻一切的疑惑與憂慮，讓我們知道憑著信，倚靠主，定必得救；又使整個社會滿有信心和盼望，奉基督之名祈禱。

阿們／亞孟。

（本禱文於二〇〇三年三月三十日上午七時於中區愛丁堡廣場舉行的「不要怕！只要信！」香港基督信徒聯合祈禱會中宣讀。蒙香港基督教協進會允准轉載。）

為香港人能重拾信心祈禱

陳日君主教 天主教香港教區主教

上主，面對目前的天災人禍，我們不免害怕，但祢在聖經裡多次叫我們不要怕。我們要警覺危機，我們要謹慎防範，但害怕只會減低我們處事的能力，害怕更會關閉我們的心胸。

上主，求祢驅除我們心中的害怕，賜給我們勇氣。願香港社會上下，在面對嚴峻的困境時，能同心合力，接受挑戰；在保護自己時，關心別人；在愛護香港時，關懷世界。

上主，我們基督信徒把信心放在祢身上，因為祢是我們仁慈的主宰，天上的慈父，每個生靈在祢眼裡，都是這麼的珍貴，求祢帶領我們走出陰森的幽谷，迎接燦爛的旭日。

因主耶穌之名，求祢俯聽我們的祈禱。阿們／亞孟。

（本禱文於二〇〇三年三月三十日上午七時於中區愛丁堡廣場舉行的「不要怕！只要信！」香港基督信徒聯合祈禱會中宣讀。蒙香港基督教協進會允准轉載。）

為求以信心戰勝恐懼

聶基道都主教 正教會香港及東南亞都主教

上主，我們今天代表著祢的子民，聚集在這裡，如同摩西(梅瑟)和先知，在瘟疫、飢荒和憂苦的日子，來到祢面前。

我們現在向祢屈膝，誠心懇求祢俯聽我們的哀禱。我們遇到莫大挑戰，加上時局混亂；我們為各種災殃，憂心焦慮。我們犯罪得罪了祢和近人。我們如同先知大衛(達味)聖王，求祢寬恕和消除我們的過犯，因為祢是仁慈的主，祢不願意人喪亡，而願人悔改得救。請祢拔除我們心中的惡念和怨恨，並給我們再造一顆純潔的心及新約精神。不要讓恐懼的誘惑佔有我們，但求祢把信、望、愛三德賜給我們，使我們敢以信心來到祢面前。

在這神聖的四旬期，我們為所有的罪孽，尋求祢的寬恕。求祢伸開雙手，接納我們，如同祢接納回頭浪子。祢因自己的仁慈，決不會讓我們迷失於罪惡之中；請救拔和更新我們，因除祢以外，我們別無希望。

請把力量賜給受苦者，把智慧賜給辛勤照顧病人的醫務人員，把希望賜給我們眾人，因為只有祢能醫治和重整墮落的人性。請堅強我們，賜給我們信心，使我們在信心、光明和希望中，安走生命之道。因主之名而求。阿們／亞孟。

(本禱文於二〇〇三年三月三十日上午七時於中區愛丁堡廣場舉行的「不要怕！只要信！」香港基督信徒聯合祈禱會中宣讀。原文以英文寫成，此譯本由大會提供。蒙香港基督教協進會允准轉載。)

向全港基督信徒聯合呼籲文

天主教香港教區、香港基督教協進會

「復活的主基督向門徒說：『願你們平安！』」

我們知道

香港正面對回歸以來最嚴峻的局面，病毒肆虐全城，人心虛怯；社會出現分化，怨氣充斥；戰爭爆發，製造無數的傷痛和憤恨……

我們確信

主耶穌施行起死回生的神蹟前說：「不要怕，只要信」（可／谷五：36）。憑藉互相扶持，個人的信心，和主基督的能力，病者必得痊癒。

我們祈求

※ 主賜平安予生活在惶恐中的人

※ 聖靈（聖神）感動香港人能互助互愛度過難關

※ 天父保守那些感染疾病的人和其家庭

※ 上主賜恩在前線辛勤工作的醫務人員、教師和服務行業的人

我們關心

遭遇困境的人、面對苦難的人、陷於無助的人，帶給他們信、望、愛。

我們呼籲

※ 全港基督信徒為香港的危機和世界和平祈求
※ 支持關心前線醫護人員和教育工作者
※ 以電話、電郵或問候卡或其他方法，向因染病而需隔離的病者，表示關懷
※ 向那些因疾病面對困難的人伸出援手

「我們願意一同向別人說：『願你們平安！』」

(本禱文於二〇〇三年三月三十日上午七時於中區愛丁堡廣場舉行的「不要怕！只要信！」香港基督信徒聯合祈禱會中宣讀。蒙香港基督教協進會允准轉載。)

永懷復活盼望　確信起死回生

教會關懷香港抗炎聯合行動

在基督復活的日子，我們向上主禱告
讓我們在苦難中學習謙卑，溫柔忍耐，
　　堅強面對仍在惡化的炎症
讓我們在危機中建立互愛，相依相助，
　　以關顧的眼神驅走歧視與自私
讓我們在死亡中激發生命，包容承載，
　　體貼每顆弱小受創的心靈
因為聖子耶穌基督，也曾道成肉身，經歷人間，
　　釘身十架，死而復活，成全救贖
環境雖險惡　信望愛恆存
唯有克服心中最大的恐懼，才能確立永恆的信念
唯有在危難中垂顧身邊的人，才能體會十字架的大愛
唯有在絕困中透見生命的意義，才能擁有基督復活的盼望
上主啊，請傾聽我們認罪的禱告，懇切的呼求
求祢以大能的靈　止住肆虐的炎症
求祢以施恩的手　醫治病弱的眾人
求祢以慈愛的眼　垂顧重創的香港
走過咒詛　仍見祝福
拆毀重建　煥發生機
但願基督復活的盼望

上主豐盛的慈愛
聖靈恆切的保守
長與香港七百萬市民共在，從現在直到永遠

阿們。

（本文於二〇〇三年四月二十日以半版廣告形式於《明報》刊登。）

肺炎下，我們能做甚麼？

李炳光牧師 香港基督教協進會主席

在今次非典型肺炎的事件中，我想到以下幾點是值得我們反省的：

第一，我認為這次災難的發生完全是基於人的愚昧無知，自私驕傲和卸責自保等行為，所以，我們今日應該在神之前，反省和承認人的不足、無知和愚昧，甚至是，要在神面前認罪和悔改。雖然，在昨天，我們聽到好消息，就是有人承認了錯誤，並且採取了若干的行動，但我們認為仍然是不足的。我們希望領導人坦誠地認罪悔改，求主赦免。

我想到的第二點是，我們很多時候忽略了微小的事物。想不到如此微小的病毒，一個到港的訪客，會令到全港陣腳大亂，並且令整個世界到受到影響。很多時候，我們都忽略了微小的事物，但原來，微小的事物是如此重要的。所以，希望靠著基督徒微小的信心、愛心和微小的力量，我們也可以成就大事。

第三，是這次我們要打的仗，不是一場病菌的仗，而是信心的仗。我們要戰勝的，是我們所失去的信心，和緊張不安的情緒。我們求神加給我們信心、力量和盼望。我們實在需要希望。我昨天講道曾提到一個故事，有一個人在釣魚的時候，不小心跌入河。他不斷掙扎，卻不能自救；當他決定放棄的時候，就突然想到，這條河附近有一個地方，有一枝樹幹低垂到水面。他想只要自己到了那地方，能抱緊樹枝，就可以得救了。有了這個念頭後，他就拚命地游，不斷地游。結果，他真的來到那地方，並且一伸手就抓住那些樹枝。豈料，樹枝「崩」的一聲就折斷了。他不知如何是好，就在這時有一班人正在岸上尋找他，他亦因此而獲救。就是憑一點希望的信念，若他任由自己沉下去，便失去獲救的機會。這個故事很簡單，但我要強調的是一份信念：繼續游下去！憑著信心去抓緊那樹枝。不論那樹枝是枯脆易折，還是足以承載你的體重，都能讓我們因而游出困境；我們現在所需要的，是這樣的動力、盼望和信心。在復活節期內，我們記念基督曾在墳墓裡，但他復活了。當時婦女在墓旁，聽到聲音：他不在這裡，已經復活了。這句說話是劃時代的，是震撼人心的；我們今日也需要這句話：他不在這裡，已經復活了。

還有另一句說話，也同樣有震撼力：你們為何在死人當中找活人呢？很多時候，我們都以人的聰明、人的方法和人的哲理去解決問題，卻忽略了復活的主。但願我們都能在這時候，本著復活的主帶給我們的盼望，他帶給我們的平安，永懷復活盼望，確信起死回生。

當年，耶穌基督來到伯大尼，使拉撒路復活；拉撒路已在墳墓內四日，他的姊妹馬大、馬利亞有點埋怨耶穌：「主啊，你為何來得如此遲，我的兄弟已經死了。」但她們仍然懂得禱告：「主啊！祢所愛的人病了」。主所愛的人也會病，但深信主有祂自己的方法。耶穌接著說，這病不至於死，乃是為上帝的榮耀。耶穌基督吩咐人挪開石頭，並說：「拉撒路出來！」今天，我也希望向大家說：挪開石頭，除去中間所有隔膜，解開綑縛——把一切令人受綑縛的都解開，然後大聲地呼喚「拉撒路出來！」

有人問我們這個聚會是不是在做秀，就好像日前，有許多局長署長拿著掃帚那樣表演。假如說，別人祈禱，我們也祈禱便是做秀，那麼，我們確是做秀，但我們所展示的，不是為我們自己，而是為復活的主，並且因他的復活帶給我們復活的盼望。讓我們都這樣禱告：「上帝啊，祢所愛的香港病了。」神有他的方法去醫治，就像他當日醫治拉撒路一樣；也讓我們把石頭推開，解開綑縛，使受苦難的人得著釋放。

各位弟兄姊妹，我們講信心、説希望，不是只會講的，也要有行動的表示。今次我們全香港教會在週六、週日和今日都以一個具體行動表示：在週六，有很多教會都一同起來清潔堂所，不但清潔自己的場所，也清潔附近的鄰舍，幫助有需要的人；昨天，我們全港教會一齊為著疫症下的香港祈禱，以行動表達我們的信心、盼望；今日，我們也有舉行了教牧的祈禱會。

昨天，我在教會中，特別發起一次捐款，是為了幫助一間醫院添置閉路電視，讓病人家屬可以在病房探訪，叫病人在焦慮中得以聽到家人的聲音。大家可以想像，現時大部份許多的醫院中，病人都沒有人探訪，這不限於非典型肺炎的病房。病人在焦慮之中會胡思亂想，他們又不知道可以向誰傾訴。他們可說是，呼天不聞，叫地不應；他們的家人又被隔離。這份焦慮確實是很嚴重的。

感謝主，我所發起的募捐得到良好的反應。一名年青人寫了一張十萬元的支票，投入奉獻袋，並且有很多人在散會後，向我表示願意在行動上幫忙。

昨天，我簡單地發出了這個呼籲，捐款已超過二十萬；今天早上七時，有人給我電話，查問總共需要多少經費。其實我們今天都希望為香港做點事，問題是我們如何做和如何一起去做。我們這時一起祈禱，本身已是一個行動，也是行動的開始。所以，今日我們開這個祈禱會，表示我們相信我們的祈禱是有作用的，是有力量的，是力量的來源。

所以，我希望大家認定一點：永懷復活盼望，確信起死回生。讓我們藉著這行動，表達我們的信仰，更加以行動表達我們的愛心。我要在這裡多謝大家今早抽時間來參加。讓我們在這時間認真投入去禱告；試試想，若全港信徒都一齊去祈禱，那股力量會有多大。

讓我們不要忽略了這個微小的行動。微小的病菌可以在香港造成這麼大的影響；但願我們各人微細的呼聲也可以有更大的影響，因為我們的主是活著的。我們感謝主，感謝父神，阿們。

（本文為筆者於二〇〇三年四月廿一日舉行的
教會關懷香港聯合抗炎清晨祈禱會中的信息分享內容。
標題為編者所加。）

非典型肺炎期間堂會聚會指引
教會安全環境、信徒安心聚會

香港教會更新運動

因應非典型肺炎在社區蔓延，教會有需要作出應變措施，保障信眾安康，防患於未然，建議採取下列措施：

暫停聚會：

※ 除崇拜及祈禱會以外，其它聚會可考慮暫停舉行。

參與聚會：

※ 教會提供口罩或信眾自備口罩。

※ 聚會前登記或點名(避免有事時，難以跟進)。

※ 會前由教牧同工勸籲身體不適者，在家安心休息與敬拜。

※ 聚會唱詩，鼓勵信徒仍戴上口罩，選擇詩歌宜以安靜為主。

※ 聚會事奉人員，不要太近咪，除講員講道或領唱者領詩時除下口罩，建議其他事奉者，或可戴上口罩。

※ 講道信息朝向安慰與盼望：如詩篇廿三、四十六、九十一篇等；整個聚會多些安靜與祈禱時段。

※ 建議父母不帶年幼子女返教會，如有需要，由堂會提供兒童託管服務，工作人員與兒童均需戴上口罩，

以作防範。集體活動前後，由工作人員帶領兒童洗手清潔。

※ 聖餐聚會前，由分派同工戴上口罩與手套，分發聖餐餅與杯；如場地不便，信徒可按次上前領取；或由負責同工把聖餐餅塊每塊用保鮮紙獨立包裝，而聖餐汁或酒則放在用後即棄的聖餐膠杯內，同樣每杯用保鮮紙獨立全面覆蓋；或考慮把餅與杯同放在密封袋(如公文紙袋)內，因應有關程序而同時分發餅與杯。

※ 因應堂會場地，可考慮停開冷氣，同時開窗，保持空氣流通。

聚會以外：

※ 我們呼籲全港信徒同心為抗炎行動代禱，每天十分鐘為此代禱，可響應禁食祈禱行動，或參與其他聯合祈禱聚會。

※ 信徒本人或家屬親友患上非典型肺炎，或懷疑感染，請即通知教牧同工為他／她們代禱及關顧。

※ 教牧同工往醫院或家庭探望病人，必須戴上口罩，並作好預防措施；每次探訪完畢後，即時洗手，儘快回家洗頭沐浴更衣。

如有任何堂會活動消息通告，可透過本堂網頁或「香港教會網頁」(http://www.hkchurch.org) 代發消息。

＊ 歡迎各堂會轉載此聚會指引

(二〇〇三年三月廿八日)

面對病毒危機——堂會應變指引

香港教會更新運動

（此指引只供堂會領袖作決策的參考，並非代替負責人就個別處境或事件作出抉擇。）

危機管理學者看危機為某些嚴重突發的事故，需要採取迅速的行動處理。危機週期可分為五個階段：危機前期（pre-crisis）、預警期（warning）、危機嚴重期（acute crisis）、清理期（clean-up）、危機後期（post-crisis）。隨著非典型肺炎迅速蔓延，很可能我們現正處於危機嚴重期。此時教會領袖需作出「最壞的打算、最好的準備」，以應付當前形勢。因應突發與不可預料事情隨時會發生，我們有下列建議，以供參考：

一、危機的決策——由堂會最高決策層（長執會或堂委會）授權組成「緊急應變小組」（由堂主任／負責同工與兩至三位長執／堂委）就突發事件作出決策，如有會眾受到感染時，應如何處理？應否暫停某些聚會？避免爭論對立，會眾須要尊重「緊急應變小組」的決策，並積極建議可行辦法，同心同行。

二、危機的溝通——教會牧者宜主動動員各團契導師或小組組長以電話或電郵聯絡會眾，表達關心與支持，此時堂會互聯網頁最能發揮效用。

三、危機的應變——建議堂會草擬「應變計劃指引」，處理一些可能出現的情況：

如有教牧長執受到感染，堂會的運作由哪些人繼續執行？

如發現會眾在感染期間曾返教會，怎樣盡快通知當日與會者及關閉堂會場地多久？

如聚會場地需暫時關閉（如所處區域或樓宇須要隔離），怎樣與區內其它堂會結連，讓未受感染之會眾可在其它場地安心崇拜？

一旦堂會出現事故，該如何向傳媒作清晰交代？

如情況再惡化或有好轉，下一、兩步當作甚麼？

四、危機的支援——我們面對的不是某一地區的災難，而是整個香港與全球，我們需要部署一系列的應變支援：

彼此支援：鼓勵信徒多用電話或電郵彼此分享與分擔，互相守望代禱。這有助減少感染的風險，亦不致使堂會牧養的功能停頓。

多堂聚會：人心不安之際，正是我們需要仰望神的時刻；崇拜可化整為零，於一週內多設崇拜時段，人手及程序宜精簡；或數間堂會組成「聯網教會」，減少人多擠於同一時段或場地之風險。

動員義工：鼓勵信徒參與「抗炎行動」義工行列，堂會或可組成「緊急家庭支援隊」，為有需要人士提供支援服務

（如幼童與長者托管、膳食或住宿供應等）。

（二〇〇三年三月廿八日）

教會對預防非典型肺炎指引（增新）

宣道會香港區聯會

前言：前三月廿八日發出「教會對預防非典型肺炎指引」，轉瞬過了一個月；本會曾接獲同工諮詢，故特增加一些過去未曾涉及的問題（*深色斜字體表示新加內容），請貴堂留意。

願主賜福你們身體健康，事奉得力！

（一）教會特別安排

A. 同工醫院探病暫停，如有特別需要，請聯絡教會傳道同工，按情況而關心及跟進。

B. 聖餐主日安排，聖餐餅可轉用「包裝的無酵餅」，絕對衛生。而派餅的時候，襄禮的執事應帶上口罩，並帶上透明手套，將餅放在領聖餐者的手內；或預先將餅獨立放在膠杯，請大家放心領受。聖餐杯應暫時改用膠杯，用後即棄；而事前安排聖餐葡萄汁的信徒，也應帶上口罩，確保衛生。

C. 教會應盡量將公眾經常接觸的物件加以消毒清潔。例如：大門及副堂的門手。

D. 教會在週末及週日的垃圾應在會前及會後即日清理。

在副堂的垃圾應由團友或幹事跟進處理。

E. 教會的通風排氣位置應加密清潔。

F. 在教會進行飲食時(午膳)，應使用「公筷」和「公羹」。

G. 如有一些可靠的資料有關「預防」非典型肺炎，教會可印發給信徒作「參考」。

H. 教會將詩歌和經文印在週刊上，不用教會詩集，免唱詩時口沫染在聖詩內；或唱詩可改為播聖詩帶，讓大家用心唱。

I. 牧者及會眾用中國合手式問安「請！請！」而暫不用握手。

J. 咪罩經常更換。

K. 在教會門口放一張含1：99漂白水的地毯，讓會眾在進入禮堂時消毒。

L. 教會在門口安排司事給會眾消毒藥棉或消毒紙巾抹手，另亦可用噴霧消毒火酒。

M. 若然可行，在禮堂的所有事奉人員，包括主席、講員、詩班員等都應盡量戴口罩事奉。

(二)參加崇拜會眾

A. 如有生病、發燒或感冒徵狀，請盡早看醫生及留在家中休息，暫勿出外或返教會。

B. 如因生病不能返教會，請主動打電話知會傳道同工，以便關懷代禱。

C. 特別安排：會眾有需要使用「口罩」，請堂會盡量為會眾預備。

1. 教會崇拜地方，乃公眾場所。因此，<u>會眾若使用口罩，不要感到拘束或不安。</u>
2. 教會有少量口罩提供給有需要的人（如有咳嗽）。並不是供應每位信徒隨意使用。
3. 使用口罩者請自行帶走，切勿留下。
4. ***若然可行，全會眾均應盡量使用口罩參加聚會。***
5. ***若有會眾因身體緣故不宜戴口罩，教會應安排於堂內合適地方給他們聚會。***

D. 請有呼吸道受感染的信徒，不宜參加教會崇拜，直至康復。

E. 信徒聚會唱詩，暫時不宜握手或牽手唱詩。因此，《願耶和華賜福給你》，也會暫停「握手」。

F. 請信徒於參加崇拜前在家先行探熱，若沒有發燒才參加崇拜。

（三）參加主日學或兒童崇拜的兒童

A. 請兒童崇拜導師或主日學老師們叮囑小朋友個人衛生清潔，要洗手及有需要時可佩戴口罩。

B. 教會可以暫停兒童主日學及團契。青年團契、主日學仍可繼續，但請依上述注意事項進行。

C. 家長應主動教導孩子們衛生常識，並如何防避口沫橫飛。

D. 請家長主動詢問孩子有否身體不適，如有不適，請盡可能留在家裡休息，及早看醫生。

(四) 個人及公眾衛生

A. 會眾如有咳嗽或打噴嚏，請用紙巾／手帕掩鼻，事後請立刻／盡快用皂液洗手（最少洗手十秒）。

B. 如經咳嗽、打噴嚏或帶有口沫的紙巾，請特別處理、包好，並放入有蓋的垃圾筒內。

C. 團友如在教會內進食，請自行清理，不要別人「跟手尾」。

D. 教會公眾使用的物品，如飲水杯，暫停使用。

E. 在副堂飲用蒸餾水機的水，請用紙杯，用後即棄，放在有蓋的垃圾筒內。

F. 請勿用私人樽來裝水，以免樽口接觸出水處影響公眾衛生。

G. 如有身體不適，請暫停聚會及盡早看醫生，多休息，可助早日康復。

(五) 我們為抗炎行動祈禱

求神賜智慧忍耐、能力與政府處理非典型肺炎，求神醫治患病的人早日康復，求神賜智慧給專家發明疫苗或藥物醫治此疾病。

(六) 若有曾在教會聚會的會眾染上非典型肺炎，教會應如何處理：

A. 教會應向會眾交代，至於應否公佈姓名，則請先徵得該會眾同意才公佈其姓名，並請會眾代禱。

B. 教會因應情況可考慮暫停一至兩星期崇拜聚會。

C. 教堂應進行全面清洗及消毒。

D. 曾患上非典型肺炎者痊癒出院後，仍應在家休息二至三星期才回來聚會。

E. 教會牧者可透過電郵、傳真或網上講道等去牧養未能赴會及有需要的會友。

F. 凡曾經近距離接觸感染非典型肺炎者，請暫不要返教會，遵照衛生署指示在家隔離十日。

（七）建議張貼抗炎口號鼓勵會眾齊行動：

例如：

「愛人如己，齊戴口罩。」

「當存盼望憑信心，佩戴口罩顯愛心。」

「清心仍需勤洗手，善言不忘戴口罩。」

「勤禱告，為國為民
常洗手，利己利人
戴口罩，為你為我
存盼望，愛港愛神。」

香港聖公會西九龍教區關注非典型肺炎擴散之安全建議

香港聖公會西九龍教區

本教區就關注非典型肺炎擴散，為轄下牧區提供以下安全建議：

一、聖堂衛生

教堂應盡量開啟門窗，讓空氣流通，需要時加開風扇或冷氣。
要定期清潔聖堂地板、跪墊、聖經、公禱書、詩集及洗手間等。大家可用一分家用漂白水加入四十九分清水來消毒，然後用清水沖洗及抹乾。
建議進入聖堂前自備口罩，減低病毒傳播。

二、公共崇拜

如教友身體不適，例如咳嗽、氣喘、發燒及懷疑曾接觸患上非典型肺炎病者，請為本身及他人的安全著想，盡量留在家中。
請以淺蘸方式來領受聖餐。
聖餐主禮、襄禮及侍從，在派送聖餐前後必須洗手。

鼓勵主禮、襄禮、於祝聖及派聖餐時戴上口罩。
在平安禮及散堂時，以點頭及作揖代替握手。
祝福時，不要接觸教友頭部。
全體崇拜事奉人員，崇拜前後均要立即洗手。
於主日崇拜中，特別為本港的牧靈事工人員、醫務人員及病人禱告。

三、探訪及送聖餐給病人

探訪員暫停到醫院或病人家裡探訪。
聖品人如有需要探訪病人(如傅油或送臨終聖體)，必須戴上外科用口罩，並遵守醫院有關守則。
如有必要探訪病人或送聖餐給病人時，事後應立即洗手。

四、其他

請密切留意衛生署資料
請密切注意教區可能隨時發出的建議。
提醒教友注意個人及公眾衛生，並常洗手。

(二○○三年三月廿七日)

（刊登於二〇〇三年五月二十一日的《都市日報》。）

反省問題

※ 教會整體回應「非典」來得很快，這是值得高興的。但是你有否想過，為何各宗派要各有指引，而不統整為一呢？你認為問題在哪裡呢？

※ 各大宗派領袖間的合作，較容易見到的是「合一祈禱」。除此以外，你認為還有甚麼可做呢？

※ 有意見認為，一紙指引，遠遠及不上直接從上帝那裡領受指示。你怎樣看這說法？

※ 當各大宗派聯合祈禱或聯合甚麼時，作為平信徒的你，是否通常都只是「知道」有此事，還受到他們的「影響」呢？你的信仰世界，會否只停留在自己的宗派範圍（甚或只限於自己的堂會小天地），而忽略了其他宗派傳統對信仰的看法？對你的信仰生活來說，其他宗派傳統的看法，是提點，還是雜音？

《時代論壇》簡介

創辦於一九八七年的《時代論壇》，是一份應時代需要而出版的週報，由一群對香港教會有承擔的牧者及信徒所發起，主要目標是在這急速轉變的時代中，提供時事和社會分析，輔助信徒洞察時變，積極回應時代的需要，發揮基督徒先知的責任；同時希望能建立資訊網絡，迅速傳遞信息，並促進教會彼此聯繫、建立共識、互相支援。

《時代論壇》創刊時，其角色和使命都十分清晰，它從來就不是市場主導的產物。在無休止的紛爭、矛盾和負面的資訊世界中，《時代論壇》仍舊以單純的信念，理性的思辯，以耶穌基督的心為心，用心去報道及評論，並提供互動空間，彼此豐富和勸勉。

《時代論壇》由資深報人李錦洪先生任社長兼總編輯，逢星期日出版，印刷版及網上版（網址：http://www.christiantimes.org.hk）同步發行，讀者超過四萬人。

「在講求競爭化的年代，我們憑甚麼和別人競爭？力量，來自過去；力量，源於三一真神的應許。」（李錦洪，〈社長的話〉，載於《時代論壇》網站。）

訂閱及廣告查詢：

電話：(852) 27857688　　傳真：(852) 27858335

電郵：info@christiantimes.org.hk

讀者意見表

時代論壇
CHRISTIAN TIMES LTD

www.logos.com.hk　www.christiantimes.org.hk

衷心多謝你購買本書籍。為使我們的出版更能滿足你的需要，請填寫下列各項資料，並寄回或傳真予我們。

所購書籍：＿＿＿＿＿＿＿＿＿＿

本書最吸引你的地方：

☐作者　☐適切性　☐文筆　☐設計　☐實用性

☐其他：＿＿＿＿＿＿＿＿＿＿

購買本書地點：

☐基道書樓　☐基督教書店　☐非基督教書店

☐《時代論壇》網站

性別：☐男　☐女　職業：＿＿＿＿＿＿

信仰：☐基督徒　☐非基督徒

年齡：☐ 16 歲或以下　☐ 17～25 歲　☐ 26～35 歲
☐ 36～55 歲　☐ 56 歲或以上

學歷：☐中三或以下　☐中五　☐預科　☐大學　☐研究院

是否《**時代論壇**》讀者？　☐是　☐否

☐我欲更多了解**基道出版社**的事工及考慮支持，
請寄給我下列資料：
☐機構簡介　☐新書資料　☐基道會員通訊

姓名：＿＿＿＿＿＿電話：＿＿＿＿＿＿

地址：＿＿＿＿＿＿＿＿＿＿

＿＿＿＿＿＿＿＿＿＿

傳真：＿＿＿＿＿＿　電子郵件：＿＿＿＿＿＿

其他意見：＿＿＿＿＿＿＿＿＿＿

＿＿＿＿＿＿＿＿＿＿

多謝賜教！

意見表可以傳真（2785-8335）或直接郵寄以下地址：
香港九龍荔枝角道808號好運工業中心1206室
基督教時代論壇週報編輯部收